輔導原理與個人成長

林維能　著

三民書局

Education

國家圖書館出版品預行編目資料

輔導原理與個人成長 / 林維能著.－－初版一刷.－－
臺北市：三民，2008
　　面；　公分

ISBN 978－957－14－5081－0　（平裝）
1.教育輔導 2.心理諮商 3.輔導人員

527.4　　　　　　　　　　　　　　　　97015384

© 　輔導原理與個人成長

著 作 人	林維能
責任編輯	林怡君
美術設計	陳健茹
發 行 人	劉振強
著作財產權人	三民書局股份有限公司
發 行 所	三民書局股份有限公司
	地址　臺北市復興北路386號
	電話　(02)25006600
	郵撥帳號　0009998－5
門 市 部	(復北店)臺北市復興北路386號
	(重南店)臺北市重慶南路一段61號
出版日期	初版一刷　2008年9月
編　　號	S 520580

行政院新聞局登記證局版臺業字第○二○○號

有著作權‧不准侵害

ISBN　978-957-14-5081-0　（平裝）

http://www.sanmin.com.tw　三民網路書店

序 言

　　筆者在大學任教至今，教授過最多次的課程為「輔導原理」，前後應該已超過二十五次以上，同時在這十多年中，主要教授課程方向以培養中學或小學輔導專長的教師為主，另一方面，也曾經陸陸續續在各大學的諮商中心，參與輔導工作，例如：臺灣大學、臺東大學、臺灣科技大學、國立臺北教育大學、臺灣藝術大學、東吳大學、文化大學等。在這些經驗中個人常在思考的問題是：「什麼是心理輔導?」或是「心理輔導主要的目標是什麼?」。我們經常聽到許多人覺得自己沒有心理問題，所以不需要被輔導。其實筆者個人在過去的輔導相關經驗中，最大的體會是，每個人都有他要面對的問題，差別在於他是否覺察或是願意坦然面對。筆者相信，心理輔導主要的目標不只是解決心理問題，更重要的是幫助一個人成長。無法不斷成長的人，他的問題可能會經常的出現在他的生命歷程中，成為自己或他人的干擾。

　　筆者在寫作的過程中不只參與女兒──心牧從出生到入學的成長，還有另一半──麗媛在博士班的學習，自己在大學中也先後擔任不同單位的學校行政主管。在這些經驗中最大的感受是，一個無法成長的生命常成為他人的夢魘或咒詛，然而一個成長的生命卻常成為他人的祝福或幫助。對於個人成長的主題，本書除了提供不同治療學派的觀點，同時也在「觀念補給站」中從發展心理學的角度提供思考的空間。筆者盼望藉由此書，能提供他人成長的空間，讓更多人因此得到祝福。

林維能

二〇〇八年八月廿二日

輔導原理與個人成長

目次

序言

第一篇　基本概念篇

第一章　導論

第二章　輔導的功能與目的

第三章　輔導者的角色與任務

第四章　問題的建構與不同觀照面的詮釋

第五章　心理的衡鑑

第二篇　理論篇

第十一章　其他（藝術、遊戲或戲劇、肢體）的輔導觀點

3　第三篇　實務篇

第十二章　心理輔導在學校的落實──問題解決導向

第十五章　總　結

基本概念篇

導　論

◎　第一節　前　言

　　輔導工作在臺灣已有幾十年的歷史。從早期強調善心的助人取向，逐漸發展成專業的訓練與專業素養的養成。另一方面，也從權威的管教與直接的介入與指導，走向人性化的處理或強調人本的關懷及對人的尊重。然而由於整個轉變過程非常迅速，因而造成社會對於輔導工作常夾雜著不同的期待，或對輔導工作給予不同的定位。不僅造成輔導工作推動的困境，往往也使輔導工作人員承受許多不必要的挫折與壓力。事實上，從以下幾個常見的問題可清楚觀察到這種現象：

一、誰需要輔導

　　第一個我們要問的是「為什麼我們需要心理輔導？」常聽到的答案是因為我們有「心理問題」。然而第一個需要面對的是，誰決定「是否真的有心理問題？」是完全由自我主觀認定，或由他人或專家決定。這個問題的釐清很重要，因為常發現很多人覺得自己不需要輔導，因自認為沒有問題。或是有些人接受輔導幾次後，覺得已經沒有問題，就終止輔導關係。輔導不應該完全由當事人決定是否自己有「心理問題」，就像一個人生病是否已康復，並非完全由病人決定。他需要藉由醫務專業人員的檢驗，提出各種生理指標來確認。同樣的是否有心理的問題也一樣，須由不同的評量指標來確認。

其實有沒有「心理問題」的確認，背後反映出很重要的議題是──「什麼是人發展的目標或理想?」當我們覺得有問題時，表示我們無法達到一個目標，或維持理想的正常狀態，例如：我期待自己是個好父親或母親，可是卻經常作不到。對於人發展的目標或理想的議題，將在本書的後續篇章中，從不同理論架構提出多方面的澄清與探討。

二、輔導能給予我們什麼

另一方面我們也常發現，有人在輔導過程中期待輔導者幫他解決他認為的「心理問題」，例如：期待已變心的男（女）友回心轉意、或贏得父母的尊重與肯定、甚至希望讓世界更公平一點。事實上，這些問題可能已不是輔導人員所能處理，然而，許多人仍對輔導者有些不當的要求或期待。事實上，輔導的過程不應完全由被輔導者決定「我有沒有心理問題」，同時也不是由被輔導者決定「我的心理問題是什麼?」「你應該為我作什麼?」因為有些人只希望透過輔導的過程，讓自己覺得好過些，或心裡舒服一點。同樣的，這個問題反映輔導中一個很重要的主題是，「人需要什麼?」「這些需要能否從輔導中獲得?」這些議題也將在本書中藉由不同理論作進一步的討論。

圖 1-1　心理問題的發生可能來自於現在的突發狀況，也可能來自過去負向經驗的累積。

三、為什麼人有心理問題

我們常要面對的問題是，為何人會有「心理問題」。我們期待找出問題的癥結，或是說誰是造成這些問題的凶手，以便將它繩之以法，避免未來再發生類似問題。常見的是

人們容易將工作或課業的挫折與壓力，歸咎於早期的傷害、負向經驗破碎或失功能家庭，父母、老師、公司或政府相關主管就成為眾矢之的。因果關係是人思考的習慣，然而其背後忽略了，人並非完全被動，也不是任由環境決定一切發展的可能性，對於這個問題也將是本書中作重點探討的主題。如果能找到可能的原因，也許有助於未來心理疾病的預防。然而是否真的有清楚的答案或原因，則值得進一步思考。

「什麼是人發展的目標或理想」、「人需要什麼或輔導能提供我們什麼」，及「為什麼人會有心理問題」，是輔導工作中常得面對的基本問題，事實上，筆者認為上面這些問題常被誤解，其實正反映出社會大眾對輔導工作認知上的落差。因此本書期待藉由進一步的對話與說明，來澄清與瞭解這些落差，也同時期待透過更多的探討，來確定輔導的任務與定位，才能有助於未來輔導工作的推動與落實。

◎ 第二節　基本概念澄清

輔導的目的最少可以從兩方面來瞭解它，輔導主要的目的，除了試圖處理人的問題，更重要的是幫助個體改變或成長。因為當一個生命個體覺得心理有問題時，可能包含不同層面的意義，其中有些部分可能來自社會環境的改變，或新環境的期待與壓力，例如：進入新的學校或工作環境，面對許多陌生情境或狀況時，我們得重新學習調整自己；此外，周圍事物的改變，也常帶給我們更多要面對的問題，例如：家人生病住院、父親出差國外、家裡經濟狀況突然出問題。除環境改變的影響外，也可能來自他人的影響，例如：因著同儕的比較，父母或師長的期待，也常引起我們更多的問題。這些問題主要處理的是個人適應的問題。

事實上有些問題的出現，可能出自於個人內在的緊張與衝突。內在的衝突力量，可能與個體過去未處理的經驗有關，例如：早期被傷害的負向經驗、親人過世的傷痛、家庭衝突的陰影，都可能因時間不同而有不同的影響。另一方面，個人可能因著自我期待改變與成長的動力而帶來更多問題。就以青少年發展為例，可能因著他們嘗試尋求自我的定位與統整而產生許多疑惑，或不斷想嘗試新的事物，因而引發許多心理衝突。這些問題可能將幫助人有更好的發展。如果輔導者不能從多方面的角度來瞭解問題，他在處理問題時，恐怕同時也在抑制個體成長的可能。

◎　第三節　本書的結構

本書主要分為三大部分：第一部分是從輔導工作的基本態度及其目標談起，討論輔導的基本角色與任務及對人的問題的理解及處理的態度，主要目的要讓我們對輔導工作有更完整的認識，同時澄清常見的誤解。第二部分是從不同的角度來思考人的問題，主要是建立在不同理論架構基礎，嘗試瞭解人發展的目標或理想、人需要什麼或輔導能提供我們什麼，及為什麼人會有問題，以提供我們對輔導工作更寬廣的認識，更重要的是幫助輔導者能從不同角度來瞭解人的問題，及提供如何處理的方向及原則。最後一部分主要是探討輔導工作在學校的落實與具體的實踐，及學校不同層面所要扮演的角色與立場，例如：對一個實務工作者而言他應該扮演的角色，及在不同位置所應負的責任。

問題討論與思考方向

一、你覺得自己是否有心理問題？不管你認為有沒有問題，回想一下你所依據的指標是什麼？為何你會使用這些指標？

二、你覺得人發展的目標與理想為何？要如何才能達到該目標？

三、人需要什麼？對一個人而言，我們真正可以給予他人的是什麼？

四、人為何會有心理問題？我們期待如何解決這些問題？

觀念補給站

現代人的心理問題㈠

目前社會在許多方面都不斷的改變，例如：科技的發展提供人許多的便利，同時也改變了人的生活方式；交通的便利縮短人與人之間的可能距離，通訊工具的方便也一樣促使人與人溝通的密切。然而，這些人際互動的改變是否讓人與人的關係更好，或是讓我們生活更快樂，我想答案可能是否定的，主要是人際頻繁的互動並不一定提高互動的品質。就以人與人的溝通方式為例，以前我們會以信件來溝通，整個寫信的過程可能需要一、兩個小時的時間，來整理與思考自己的感受與想法。同時嘗試與努力用有限的文辭，透過文字的表達讓別人能真正瞭解自己。然而現代人似乎已很少寫信，因為通訊的方便，直接以手機彼此溝通，或以網路、電子郵件來表達，也因為期待快速與方便，個人的思考歷程與文辭的使用，都逐漸被簡化成口語且易懂的表達方式。往往自我反思或自我覺察的機會，就變得相當有限。更因為溝通工具方便，隨時可以想到就說，因此常不需要深度的自我反省，而以表達當下或一時的感受為主要的溝通內容，可能因著情境或一時的情緒而主導了溝通的主題，反而無法真正表達自己內在的感受。

溝通與互動的頻繁也讓我們學會包裝自己。儘管我們也許常抱怨許多商品過度包裝，然而不可否認的，好的包裝也常發揮一定的效果。它創造我們對商品的一種感受與形象，讓我們買的不只是商品而是對商品的想像。就好像許多小孩都會買看起來好看的東西一

樣，從我女兒的經驗中發現，她常會買一些外表好看的食物，但這些好看的食物常不好吃或與外在的知覺有落差，因為它部分成本是用在包裝的費用。可是我女兒她似乎不願意接受我們的建議，所以經常買一些她不喜歡吃的東西。其實就連許多成人在購物時，也常受外在的包裝或形象的影響。包裝的確創造我們對物品有不同知覺，但不幸的是它也創造另一個失望與期待的落差。

其實我們不只會包裝物品，我們也常包裝自己。從外在的穿著、髮型或打扮，我們試圖創造一個形象，或者說是一個假象，讓別人喜歡或欣賞我們。但這些包裝也許對暫時的人際關係有些影響，但較長久的互動中應該都會看到真實的面向。或許現代科技可以以整容，或其他生物科技的方式達到更長久的效果，但是這對我們的影響只是暫時的，漸漸的從互動中可能帶給我們不同的感受，或產生對別人真實形象與個人期待的落差。重要的是這種現象反映出我們對於自我形象的無法接納。這種對自我無法接納的問題，它可能對自我的建構與自我認同的形成造成很大的傷害。因為在自我認同或建構中，有一個很重要的部分是對自我不完美或有限制的接納。人都是有限且不完全的，如果我們無法學習接納自己的有限，便可能得不斷用包裝或創造假象來建立自己的形象，那將造成自我的失落與迷失。

科技的發展也造成我們在知識取得方式上的明顯轉變。因為多媒體與影視的普及，讓我們習慣以電視或網路取得知識。然而觀看影片或電視的長期習慣，也同時減少我們對閱讀的興趣。以前多少青少年可能陶醉在金庸小說的閱讀與想像中，或是對瓊瑤愛情故事

圖 1-2　由於網路的發達，反而少了運用想像力的趣味與美感。

的夢幻期待中。然而這些閱讀的趣味與無限的想像空間，已逐漸被相關影集或電影取代了。因為我們可以很容易的找到以這些原著為題材所拍攝的影片，不需透過閱讀直接從影片中享受相關劇情的趣味。可是不幸的是，閱讀及想像的空間已被抹煞了。讀過金庸小說的人一定可以感受，直接閱讀這些小說的趣味一定遠超過影片能表達的。因為它包含許多自己的想像空間與自我創造的樂趣，可是這是需要透過仔細閱讀與思考的歷程才能體會的。同時在閱讀中我們可能沉浸在某些情節中，讓自己的經驗與它對話，這是在影片中因為時間的限制較不容易達到的。另一方面，由於傳播工具的方便，對於許多知識，我們傾向聽專家的意見或演講，而不是透過自我的閱讀與探索，因此對知識的理解常只停留在表面或片段的理解中。

　　一樣的，科技的發達讓我們也不需要再自我生產或創造。就以食物為例，現代人已不用自己動手作喜歡的食物，例如：水餃、包子饅頭、糕餅或粽子等。我們只要去超級市場或是傳統市場，甚至家裡附近的便利商店，各樣商品應有盡有。若是更進一步期待真正的美食或傳統口味的小吃或名產，同樣的，只要上網或電話訂購，24 小時內應該都可快速送到家裡。包水餃、粽子、作餅乾、蛋糕、煮一道美食似乎已逐漸成為有些家庭主婦或主夫的興趣與嗜好，而不再是經營家庭生活必備的能力。自我的生產與創造可以直接建立

我們與該產品的情感。記得我們全家在美國還有過去的留學的生活中，許多中式食物都得自己動手，從包水餃或餛飩、作包子或餡餅、滷牛肉或牛筋等都得自己來，甚至有些蔬菜、水果也可以自己耕種。從我個人的經驗發現，參與這些食物的生產與製作，主要的收穫不是省錢。反而因著自己的投入而建立自己與這些食物的情感，因而更珍惜食物，因為它是我辛辛苦苦努力的結果。所以有時儘管自己作的不是很好吃，我們也不會隨便把它丟棄。一樣的，當我們全家在聖誕節時一起作薑餅，我也看到我女兒對她自製的餅乾非常珍惜，或許這些餅乾沒有外面買的好吃，但她還是喜歡自己烤的餅乾。在自我的生產與創作的歷程中，可以建立起我們與物的一種關係。這種關係讓我們學會珍惜許多物品，同時也學習真正享受這些物品。現代的社會已不需要學習直接參與食物的生產或製造，我們只要藉由金錢就能取得我們要的產品。因此我們逐漸建立了對金錢的情感，而無法對產品本身產生關係或情感。這或許也是現代人喜歡金錢本身，但無法珍惜物品的原因之一。

科技的進步讓我們習慣過安適的環境，冷暖氣、空氣潔淨與過濾、除濕、防塵、除蚊蟲等各樣先進的設備提供我們過舒適的生活，然而不幸的是，人卻因此逐漸遠離大自然。因為習慣自己安適的生活，人們也慢慢的養成一些習慣，例如：怕太陽曬，因為擔心流汗或傷皮膚、天氣太冷或太熱都不習慣、東西不乾淨或有異味都不能忍受，而且也覺得許多昆蟲或動物會傳染疾病等，人因而漸漸的與大自然保持距離。儘管有時到一些旅遊景點，也習慣留在飯店以純欣賞的方式面對大自然。人因為長期習慣自己的溫室環境，因而無

法真正融入整個大自然，更不用說對大自然產生情感或連結。人與大自然的隔閡，除了限制人生命的經驗，而且習慣與其他生命個體保持距離，也讓我們無法真正瞭解與欣賞其他生命，同時也限制個人成長空間，因而常以個人為中心的方式來瞭解外在事物。

科技的進步也增加生活方式的多樣化，產生更多不可預期的情境。多樣的生活方式的確會增加生活的樂趣，但這種多樣性或不確定性可能形成我們生活上另一個壓力的來源。就比如，停車場收費的方式，以前可能完全以人工收費，但現在可以用不同票卡繳費。有些票卡要以機器預繳、有些要去客服中心繳納、有些在出口繳納。這些多樣的繳納方式可能會形成我們生活的困擾，特別是對陌生的場所。例如汽車繳費或許會因著我們不知要預繳的疏失，而在車輛出口處造成別人的抱怨或不滿。日常生活的購物方式也逐漸多樣化，因為物品價錢的波動，網路、電話或直接商場的購物，信用卡消費或現金交易、分期付款或全額付費，常是我們得進一步考量的因素。因為有這麼多種選擇，往往我們可能因為錯誤的決定而引起事後的後悔。休閒生活的多樣化也是一個很好的例子，運輸工具、飯店住宿、旅遊方式的選擇，可能在價錢或旅遊的品質上都會有很多變異。過去可能只要選擇一家值得信任的旅行社就可以，然而現在的選擇多樣，直接透過網路訂購飯店、車票、機票不只省錢，更重要的是也可能提升旅遊的品質，然而同時也面對一些不可預期性或不確定性。這些不確定性因素往往成為人們壓力的來源或形成情緒的問題。

整體而言，從前面所看到的現代人常出現的現象是：人對自己過度包裝，缺少較有深度的自我思考與反省。人因此逐漸遠離自我

的真實面向。與他人的關係雖然表面上增加互動的機會，然而溝通的品質與內涵反而變差了，因為人們習慣藉由直接通訊或網路，而不是透過深度的自我反省與思考。人與人因缺少深入的對話與瞭解，之間的疏離與隔閡也加深了。在對於外在事物方面，知識的取得逐漸習慣藉由他人或多媒體方式，而不是出自於個人的閱讀或思考來取得相關知識，因此對知識的認識常停留在表面的形式。同時對物品的關係缺少情感的連結，因為物品取得常直接藉由金錢換取相關成品，而非自我的生產或創造。人對物品的情感或關係的維持也相當薄弱，因此常不懂得珍惜與欣賞。還有長期習慣自己的溫室環境，更讓我們與大自然產生很大的隔閡，無法與其他生命個體有交流或連結。另一方面，外在事物的多樣選擇，也產生更多的不確定或擔心。

輔導的功能與目的

第一節　基本立場

　　輔導的功能與目的常被誤解為多關心那些「有問題」的人，或幫助那些有困難的人解決他們現實的需要。因此當我們想到輔導工作，就認為只要有愛心、耐心且樂意助人等特質的人就可以輔導別人，參與輔導的工作。對人的關心或許可以提供別人情感的支持與力量，幫助他人減少問題帶來的壓力，但常無法真正解決人的問題或發展的困境。事實上關懷與支持是輔導歷程中，初步所要達到的目標，但卻不是輔導主要的任務與最終的目的。

　　另一方面，我們發現有些人接受心理輔導時，只期待輔導者立即協助他，解決他目前的問題。就如同學生遇到無法解決的數學問題時，只要求教師給予該題的解答，或是一些欠債務的人，只期待地下錢莊提供金錢周轉。立即的解決問題，有時的確會成為輔導過程中要處理的一部分，但卻不是輔導主要的目的，因為輔導有其專業的目的，而不是將其定位為善心人士或社會福利機構。對輔導工作的定位有誤解，其實也反映出一般人對輔導工作的不當期待。

　　相反的，有些人根本不信任輔導工作，他們認為只要想開點，不要太鑽牛角尖，時間久了一切自然就會沒事。然而，許多人的問題經過一些時間反而更複雜或難以處理。筆者近年來主要處理及探討與家庭相關的問題，常發現家庭問題很不容易處理，因為它埋藏著許多未面對的恩恩怨怨。時間並沒有讓這些問題消逝，反而讓這

些問題埋藏在內心深處，變得更加複雜。上述這些現象都反映出一般人對輔導功能與目的的誤解。

　　輔導基本上有兩個不同的方向與目的：一、促進個體社會與環境的適應；二、協助個體自我的成長與開發。當個體呈現「問題」時，可能源自於外在社會環境的改變而促使個體的重新調適，這時候輔導的重點在於如何讓一個人有更好的適應，從個人態度的調整、行為的學習與改變、情緒的處理、與他人互動的調適、及其他社會支持力量的尋求，都可能成為輔導的方向。另一方面，可能因個體的成長與改變，或個人期待有更好的發展與未來，因而引發他對自我的態度或對於外在環境知覺或預期的改變，這時候輔導者需要協助個體有更好的發展空間。如何從自我探索與開發中讓個體真正的成長或改變，對於早期經驗的探索、個人特質及性向的瞭解、自我能力的評估、及對於未來生活方式或自我理想的期待，都可能成為輔導的目標與方向。

第二節　促進社會與環境的適應

　　人在社會上尋求生存，學習面對與因應社會環境，是每個人成長中的重要歷程。從早期的家庭及學校的社會化學習，乃至於進入社會的不同角色，很重要的課題是學習面對與因應社會環境的期待。然而近年來社會不斷的變遷，再加上多元的價值系統及科技發展所帶來的改變，這些改變往往也帶來不同的社會期待與變動。若我們的生活方式無法隨著社會的變動而調整，則可能會面臨一些適應的問題。若長期無法處理這些問題，除了學習或工作可能受影響，同時也可能引起個人的憂鬱、焦慮等相關的負向情緒，甚至可能影響個人的自尊與自我形象的知覺。因此輔導工作常得針對社會與環境

的變化，處理個人的適應問題，並提供可能的因應方式。

從另一方面來看，社會系統的社會化也可能產生衝突與矛盾，例如：以一個在學的孩子來說，父母對自己的期待不同、教師與父母之間管教方式的差異、同儕與父母或教師的差異等，都可能引起緊張與矛盾。特別是當個體在社會中扮演不同角色時，這些衝突與矛盾會更清楚呈現。因此輔導須協助個體面對這些衝突與困境，如何將這些內在緊張與衝突作有意義的整合也常是輔導者的任務。

然而，有些個體的因應衝突與矛盾並非源自於外在社會環境，而是因個體的改變或成長，例如：兒童時期語言及認知能力的提升，逐漸對社會有不同瞭解、進入青少年時期的自我意識提升與自我定位的尋求、成年期的自主與親密的平衡，都可能引發所謂的「個人內在的衝突與矛盾」。我們將在下一節中，從不同的角度來探討及瞭解這種現象的可能意義。

◎ 第三節　自我的成長與開發

輔導的任務不只處理個體的社會適應，或個人內在衝突與矛盾，另一方面它協助個體進一步進行自我的成長與開發，例如：透過自我的探索，面對個人早期未處理的經驗或澄清內在隱而未現的問題，讓個人不再一直受早期經驗的限制，更重要的是讓自己有更充分的發展，或從探索中重新建構自我，讓自我的發展更成熟，例如：從檢視中重新建立自己的價值觀、對人際關係的學習與付出、建立兩性之間的健康關係、及培養合適的學習態度。同時也可以藉由生涯的規劃，處理未來可能面對的問題，經由自我的檢視與反省，建立一個更合適個人的生活方式。也就是說，輔導的任務是幫助一個人面對過去、現在及未來，同時讓一個人更健康與成熟。事實上，如

果從這個角度來看輔導工作，相信每個人可能都需要輔導，因為每個人都需要不斷學習與成長。

　　長久以來，有些人認為在學校中，只有「問題學生」才需要被輔導。或是有人認為，在社會上，只有想不開或沒有能力處理自己問題的弱者才需要輔導。這樣的現象反映出一般人對輔導的錯誤認知。事實上，每個人應該都有些問題要面對，也許有些人選擇忽視它，因為這些問題尚未直接影響現在的生活，有些人以忙碌的工作或多樣的人際關係，刻意逃避這些問題對個人的影響。筆者一直在大學教授有關心理輔導的課程，常提醒學生，到輔導中心求助的人，不是因為他們特別有問題，其實每個人應該都有些問題要面對，只是他們選擇開始勇敢的面對自己的問題，而有些人一直不敢面對自己的問題。

◎ 第四節　其他特殊的目標

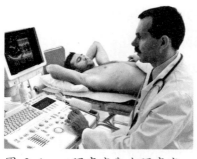

圖 2-1　心理疾病與生理疾病一樣，都需要透過醫生的診治，才能瞭解問題的所在，並進一步對症下藥。

　　對於個人特徵的探索，包括：個人的性向、智商、生涯的規劃、自尊、心理的健康指標，都能從輔導中的心理評鑑作進一步瞭解。就好像定期的健康檢查，我們也需要定期的心理狀態評估與檢查。整個過程除了可以讓自己更充分掌握自己的心理健康狀況，同時也可以預防及減少心理疾病的出現，就是大家常聽說的預防重於治療。事實上，現代社會已有不少人習慣每年作定期身體健康檢查，對於

嬰幼兒的發展狀況也開始作定期追蹤，希望能對發展有問題的幼兒做早期的治療，以減少該疾病未來對個人的影響。同樣的，許多心理的問題或心理的疾病若能提早瞭解，可能可以減少該問題對個人適應或發展負面的影響。

另一方面，對於社會環境發生的重大事件，例如：921 大地震、或是 SARS 傳染性疾病的流行，這些事件往往帶給社會長期的恐懼與焦慮的陰影，特別是受難者甚至家屬及協助處理災難事件的工作人員，可能引起更多的心理衝擊，因此這些情境常需要輔導工作的介入。此外，若個人所處的周遭發生特殊事件，例如：學校或班上有人意外死亡或自殺，都可能對周圍的人產生直接或間接的影響，因此這類的問題也可能成為輔導工作的目標。

 問題討論與思考方向

一、你覺得目前最令自己困擾的是什麼？當你面對人際衝突時你如何處理？或是當別人不喜歡你時你會如何面對？

二、你如何面對你情緒的起伏？當你難過憂傷、焦慮、擔心或生氣時你會如何處理？

三、若你出現心理問題時你會如何處理？你周圍的人有誰可協助你，為何你選擇他們？你覺得他們有專業能力來幫助你嗎？

觀念補給站

現代人的心理問題㈡

　　現代的社會中，人與人或人與自己常無法建立一個和諧的關係或相互信任的基礎，同時人與外在事物或大自然也缺少情感的連結，因而讓現代人很容易陷入自我中心的迷失當中，同時產生內在的焦躁與不安。自我中心常出自於個人缺少與其他生命個體互動的機會，無法從互動中瞭解不同生命的獨特性，因而陷入自以為是的思考模式。另一方面，缺少與他人的溝通及對話，讓我們無法瞭解不同生命的豐富性，因而活在自己有限與貧瘠的生命當中。同時因為長期以來與其他生命無法建立情感或連結，也讓自己習慣於自我中心的自私行為，或陷入自私自利的醜陋面向。

　　其實人能跳出自我中心的限制，常出自於個人生命與其他生命個體的情感或連結基礎。我們可以看到一些具體的例子，例如：小孩子在早期發展階段，很容易陷在自我中心的思考或行為中，當然一部分來自於他們認知能力的限制，另一方面可能因為缺少同儕的互動。然而促使他們學習與他人分享，很重要的原因與基礎是他們需要朋友或玩伴。他們為了結交朋友，需要學習跳出自我中心的限制，公平的彼此對待。因為這分情感的需要，他們不能一直活在自我中心的

圖 2-2　對於小孩子來說，得到同儕的認同，有助於學習「分享」的概念，跳脫以自我為中心的思考方式。

行為或思考之中，這也是他們成長的動力。一樣的，許多父母在教養的過程中，也常因著對子女的情感與愛，而能逐漸跳出自我中心的行為或思考。因為許多生命個體無法完全依照我們的預期，儘管是自己的子女，我們也要不斷學習調適與瞭解不同生命的需要與獨特面向。同樣的例子可以在其他經驗看到，小孩子甚至大人在養寵物時，也會因著對這些動物的情感，願意去嘗試他本來不喜歡的事物，例如：清理大小便或忍受一些怪味。他們為了維持與寵物的情感，需要考慮寵物的需要與生命特徵，因此閱讀相關知識，瞭解牠們的習性成為不可或缺的歷程。整個過程中他們需要學習改變習慣以我為中心的思考方式，讓自己學習面對不同生命的可能。這也難怪許多現代人不喜歡生小孩、養寵物、甚至建立與他人的深入關係，因為這些可能威脅人的自我中心。然而自我中心不只讓自己生命是貧瘠的，也同時產生自我的迷失與內在的焦躁。

焦躁的心理現象除了因為社會的多樣性與不確定性，還有部分來自於自我的迷失與惶恐。許多不確定的情境，讓我們在生活中很容易產生衝突、不滿或預期的落差，這些情緒經驗可能逐漸成為個人焦躁的來源。然而自我中心的生命限制又讓自己無法跳出這些情緒的干擾，因而更加劇了這些情緒的控訴。其實現代的社會發展，已逐漸讓人們無法完全逃避這

圖 2-3　現代人因為生活的壓力、緊張情緒，使得「焦躁」的反應越來越多。

些因著不確定性帶來的焦躁。重要的是我們是否有個內在機制來處理這些焦躁。許多人為了去除這些焦躁，因此常過度相信一些來自新聞媒體的知識或所謂專業人士的建議、甚至人云亦云的網路消息等，試圖藉由這些「權威」的保證來減少自己的焦躁與惶恐。然而這些外在的知識或意見，也許帶給我們一時的心安，但卻無法真正處理自己因著自我中心所產生的焦躁。除非人能回歸到真誠面對自己的生命，同時學習與其他生命有更多的連結，透過與不同生命的交流與接觸中，帶給我們對生命的不同認識，包括對自己的生命，才能真正處理個人內在的惶恐與焦慮。

　　為何我們需要學習面對不同生命個體，我們可以從以下的例子來瞭解。其實與不同生命的交流中，最直接要面對生命的基本現象或課題就是死亡。有些人因為無法面對死亡的傷痛，因而與其他生命保持距離。我個人曾聽過幾個例子，都因為曾經經歷過自己心愛的寵物死亡的傷痛，以後再也不願意飼養其他寵物，遑論面對親人或好友的死亡，其帶給人對生命的憂鬱或傷痛更是我們無法承受的。死亡是華人社會文化中，非常不願意面對的主題之一，我們習慣以否認或避諱的方式，來處理這些無法逃避的生命階段。我們彷彿活在一個短文〈與上帝對話中〉所描繪的情境：「這些人活著好像是永遠不會死。」因為我們無法面對死亡，所以也無法從死亡的觀點來看自己的生命，珍惜或把握自己的有限性。最後留下來的生命，就好像在〈與上帝對話中〉所提的另一段話：「這些人死了以後又好像從來沒有活過。」因為在他們的生命中沒有留下任何有意義的足跡。其實看到生命的成長與消逝，參與生命的喜樂與憂傷都會讓我們對生

命的感受更豐富，也讓我們對生命的選擇更有意義。

　　與不同生命的交流與對話，同時也更瞭解生命的多樣性與豐富性，讓自己的生命有更多表現的方式與選擇的可能。也許可以從幾個具體例子來看，例如：在不同文化中存在許多不同的食物處理方式，我們可以從別人的經驗中得到不同的學習。記得我以前很討厭吃洋蔥，後來到了美國幾年的生活中，卻變得很喜歡洋蔥。我覺得主要的問題是以前在臺灣許多人不會處理洋蔥，所以讓洋蔥很不受歡迎，而不會欣賞洋蔥的美味。除了食物，生活中也會因著我們對不同生命認識的轉變，而有不同態度。我也記得以前在鄉下長大，每次看到蜂窩就會找一群小孩將它打下來，因為一直覺得這些蜂很討厭，會叮人也會干擾人的生活。然而這幾年看到美國對於蜜蜂突然減少幾百萬隻而非常憂心，才逐漸知道蜜蜂對大自然的意義及對許多生命的重要性。以前習慣以人為中心的狹隘觀念，因此只以害蟲或益蟲的分類來瞭解這些生物，因而無法認識不同生命存在的美與意義。對自己及不同生命深入的認識，常會促使我們對生命產生不同的態度，或是對自己生命意義有不同期待，讓自己不再活在生命的有限中。

輔導者的角色與任務

第一節 輔導者的基本素養

　　怎樣的人適合扮演輔導者？長久以來有些人認為主要要有愛心與耐心。有愛心耐心的人，的確可能會讓人喜歡或需要他，但不表示他們適合當輔導者。就如同有人生理上有病痛，一個有愛心與耐心的人，可能可以照顧他，讓他舒服一些，但他可能不會因此症狀就減少或因此疾病就得醫治，因為他需要專業醫生來治療他的疾病。雖然有時我們發現一些民間偏方，可能可以處理一些外在的症狀，但這些方法也很容易適得其反，或延誤就醫。所以愛心或耐心若不是建立在知識理論的不同觀照面，或一定層面的理性基礎上，很容易因一時的同情或憐憫成為縱容或溺愛。事實上，有時我們需要承受一定的痛苦，以幫助我們更健康或更成熟，就像運動員常得鍛練自己的身體，在鍛練中身體的疲憊與疼痛常是免不了的，但是卻是讓自己成長的重要來源。如果我們保護他不讓他承受身體的疲憊與疼痛，可能同時也剝奪他成長的機會。一樣的，壓力也能成為我們成長的動力，有時候學生面對考試或作報告，常得承受很多壓力，但其結果可帶給我們許多學習與成長。當然不可否認的，有時候痛苦本身或長期的壓力也可能因人無法承受而傷害一個人。所以對人問題的處理，仍要建立在不同理論的觀照面及一定的理性基礎下。從不同觀照面來瞭解痛苦的意義，因為沒有意義的痛苦，其實是白白受罪，無法帶給自己更多成長。

　　另一方面，有人常喜歡以個人經驗來輔導別人。他們認為既然這些方式可以用在我身上，應該也可以適用在別人身上。這其中最大的問題是他們忽略掉人與人的個別差異。就像父母常用很多他們認為對的或好的經驗來教養孩子，他們可能認為過去自己沒有好好讀書，所以導致今天的成就有限，因此一直期待自己的小孩要好好讀書。有些自認為事業有成的父母，他們認為自己的成就，是因自己努力苦讀的結果，因此他們期待自己的子女有一天能像他們一樣，所以嚴格要求子女的學業成就成為管教中自認合理的期待。類似的情形也出現在，有些父母仍活在小時候沒機會學鋼琴或小提琴的遺憾經驗中，帶著這分失落的經驗，不斷期待他的子女能學好這些東西。人從經驗中學習也獲得教訓，然而這些個人的體驗能否成為輔導他人的基礎則有待商榷，因為每個人都是獨立的個體。當然人與人之間有一定的共通性，然而個人的經驗能否成為共通性的準則，則需要進行更多的澄清與檢視。

　　事實上，很多人心理問題的出現，或形成更複雜的問題，往往來自於一些具有熱心又有愛心且試圖將自己的經驗傳承給他人的好心人士。輔導者需要對生命有一定的熱忱，那是輔導工作的部分動力，也需要有豐富的經驗，那是同理心的來源之一，然而光有熱忱與經驗是不夠的，因為這些不足以使我們適時的跳出自我的中心或自我的有限性。因此輔導者不只要「己所不欲，勿施於人」，有時仍要學習「己之所欲，也勿施於人」。畢竟人與人之間可能存在一定的差異性。

　　因此輔導者要有一定層面的自我瞭解，透過自我的探索與澄清，知道自己的偏好、習慣及自己對人與事物的信念，也知道自己與他人的差異，以免無形中將自己的偏好及習慣強加在別人身上。因為每個人都有其個別偏好與價值信念。這些偏好與信念可能在成長過

程中慢慢形成，它代表一個人經驗的累積與個人特質的展現。輔導者在自我探索中，對自己有更多認識，同時願意用這方式去瞭解不同生命個體。然而這不表示輔導者是完全中立客觀的旁觀者，他本身仍要有自我的統整與認同，知道自己是怎樣的人，可能成為怎樣的人，要過怎樣的生活，同時知道自己的生活目標，清楚生活中的優先次序及個人價值信念，也願意不斷檢視這些信念，讓自我持續的成長。

輔導者也要瞭解自我的定位，清楚自我的優點及其有限性，欣賞自己所擁有的能力，但同時也接受自己是有限的，因此可能會犯錯，而且願意面對且承認自己的錯誤，同時也會接納與寬恕別人的錯。這樣的態度與方式能讓輔導者持續地，對自己與他人的生命懷抱真正的熱情與關懷。

輔導者常得面對與處理不同背景的人與各種形式的問題，他們可能有完全不同的價值信念、偏好、習慣與特質。因此輔導者得願意嘗試新的事物，對外在世界保持一定的開放與接納的彈性，同時擁有自己的原則與立場，但能不拘泥於自己的習慣方式。而且勇於接受新事物的挑戰，與承受新的經驗所帶來不確定的壓力。從這些嘗試中讓他自己不斷學習與成長，避免活在自己有限的世界。經驗的累積常成為成長的來源，然而如果經驗只來自同質的社會情境，或相似的社會次文化，它對人的成長是有限的。就像一個從小到大功課表現優異的老師可能有多年教學經驗，但仍不能真正瞭解學習困難的學生。個人對外在世界若不是開放且有彈性，再多環境的刺激，可能也無法疊積出有意義的經驗。就像有些人雖然到過不同國家，與體驗過不同社會文化，但如果他只是忙於購物或照相，這些經驗並未真正對他有實質的意義。

溝通是輔導者所需要具備的重要工具之一。但好的溝通並不是

口才好或表達能力好，會說話的人不等於會溝通，因為好的溝通是建立在對他人瞭解的基礎之上，真正清楚知道我與他人的差異，並同時知道如何面對這些差異。而且在對話中能同時體會他人當下的感受。從另一方面而言，輔導者要具備良好的同理心，能真正瞭解與感受被輔導者的立場與處境，而且能知道彼此之間的差異。這樣的理解歷程可以成為輔導的出發點。其實在這過程中也反映出輔導者需具備另一項能力，就是良好的敏感度與觀察力。因為人們的溝通除了語言表達外常是非語言的，被輔導者在輔導中的坐姿、臉部表情、手勢乃至於說話的聲調都可能是一種溝通方式。如何讓這些非語言信息成為有意義的溝通，輔導者的敏感度就成為很重要的輔助。當然，好的敏感度有部分來自觀察力與同理心，但更重要的是，來自於對與不同類型的人或不一樣生活背景的互動經驗的疊積，從人際互動中多加瞭解不同經驗對個體發展的影響。

最後，輔導者需要專業背景與經驗的培養。基本上每個輔導者要有適當的理論基礎，來建構出對人的看法，例如：對於人的本質、人的需要、個體發展的目標、及人心理問題出現的可能等，基於這些架構與立場，產生對輔導方式及促進改變的歷程有其解讀方式與觀點。所以，輔導是建立在一定的理論架構中，嘗試去詮釋或解讀個人所呈現的問題或狀況，因此理論的參照面就成為很重要的基礎。不恰當的理論基礎常造成偏差的輔導，例如：教師若堅信人性本惡，可能為了達到「除惡務盡」，往往用很強烈的控制手段來輔導學生，最後可能適得其反而引起學生更多的憤怒與恐懼。同樣的，若有人輔導別人，是建立在自己有限的經驗或道聽塗說的傳言，這樣的輔導很容易帶來更多問題。

◎ 第二節　輔導者的主要任務與其角色的確立

輔導者有其基本所應扮演的角色，然而這些角色可能因所處的工作環境而有不同，或因同時得扮演其他角色而有些差異，例如：中小學輔導者不只是擔任輔導者的角色，可能同時又扮演學校教師或是中心主任的角色；在私人或相關機構，輔導者得面對家屬或服務大眾的要求與期待；在宗教團體的相關機構，輔導者得面對宗教的信念與輔導工作的協調，這些都可能使輔導的角色更多樣且複雜。不過在這些情境中，對於一個專業輔導者，仍應確立自己在其專業中主要的角色為何。

輔導者的主要任務不是協調者或仲裁者，因此可能無法幫被輔導者直接介入人際的協調或解決人際衝突與誤解。就像被輔導者可能受他人屈辱或誤會，但他不能期待在輔導中，輔導者幫他討回公道。輔導者也不是偵探或調查員，因此也無法協助他人確定事實發生的真相，例如：男朋友或女朋友愛不愛他、或有沒有第三者介入。輔導者是人，他無法預測未來，告訴你未來會如何。他有專業訓練，他瞭解人發展的可能，但不至於有能力從你的出生年月日，就決定你是怎樣的人。

輔導者主要角色是以其輔導專業的基礎，協助個案或被輔導者瞭解其存在的問題與困境，透過輔導者的不同處理方式，例如：分析或詮釋，重新建構或理解其問題的可能性，進而嘗試讓被輔導者，能進一步調整與改變。基本上每個輔導者或不同心理輔導理論，都有其基本立場，因此對人的看法、對於人的本質、人的需要、個體發展的目標，及人心理問題出現的可能等都有其個別看法。基於這些不同觀點，對輔導方式及促進改變的歷程，有很多不同的解讀與

觀點。然而個體的改變與否並非完全來自於輔導者，仍是與被輔導者共同參與的結果。人的問題常需要相當的時間來處理，因為許多人的問題絕非一朝一夕間形成的，因此相對的他的改變也可能是漫長的歷程。有些人接受輔導，期待以二、三週的時間改變自己的個性或習慣，基本上那是不太可能的，因為他要的是神蹟或魔術而不是心理輔導，無論如何，人的改變是需要一定的時間與生命歷程。

◎ 第三節 角色與自我的協調

輔導者是個人，但他同時又得扮演輔導專業的角色。人都有其偏好與有限性，但在輔導專業的角色中，又期待我們能跳出這種個人偏好與有限性。如果我們太過跳脫，努力維持客觀與中立的同時，可能失去我們真實的面向，就如 Corey (1996) 說的 "If as counselors we hide behind the safety of our professional role, our clients will keep themselves hidden from us. If we become merely technical experts and leave our own reactions, values, and self out of our work, the result will be sterile counseling" (pp. 15–16)。然而如果沒有一定程度的抽離，輔導者可能陷入只用個人的偏好或有限的經驗來輔導別人。因此，如何平衡自我與角色間的關係，就成為輔導者很重要的思考課題。

以心理的距離來說明如何同時面對自我與角色的關係，就好像當我們在看一部電影或一齣劇時，常常可能因太融入劇情，我們會痛恨劇中的壞人，甚至事後仍對該演員產生許多不滿與忿怒。也許那可能是人的正常反應，或讓自己在劇情的投入中，個人的情緒能適當的舒解或宣洩，然而這種反應，卻可能讓我們無法真正欣賞導演創作或演員的精湛演藝，因為我們太專注劇情及結果。一樣的就好像看球賽，有時我們太在意自己喜歡球隊的輸贏，因而對其對手

充滿敵意，球賽結束後仍想攻擊或羞辱比賽對手，更無法給比賽對手的精采表現適當喝采，因為我們太在乎比賽的輸贏，而無法真正的欣賞球賽。相反的，若我以太過於抽離並停留在以分析的方式來欣賞電影或一齣劇，或只用許多分析及評論方式來觀賞球賽，相信大部分的觀眾一定不希望有這樣的人，看電影時在你旁邊幫你分析解說，因為這不只讓我們無法體會或享受觀賞的樂趣，其實也失去參與這些活動的意義。因此，輔導者如何維持適當的心理距離，是需要不斷學習的功課。有時我們可能太融入他人的世界而忘了自己的角色，有時也會逐漸習慣成了旁觀的第三者，而無法真正感受他人的世界。

 問題討論與思考方向

一、我們多多少少都會幫助別人，或提供別人意見，你如何確定你所提供的建議是恰當的？或是你真的確定如果別人依照你的建議去做對他的確是好的？

二、我們是否要以中立客觀的態度來輔導別人？是否要隱藏自己的喜好或立場來輔導別人？

三、當我們發現被輔導者的價值信念與自己有許多衝突或矛盾，輔導者應該如何處理較為恰當？

觀念補給站

個人發展與情緒對心理輔導的意義㈠

　　對個人發展而言，情緒是一個很有趣而且很重要的面向，我們很容易忽略它對個人發展的影響。對有些人而言，情緒可能只是一時的狀態，只要能適當的掌控與處理就不會有太大的問題。在大約十年前 Daniel Goleman 的 *EQ* 一書在臺灣相當受歡迎，不過可能 *EQ* 這本書比較偏學術論述，臺灣因而相繼出版許多詮釋版的書籍；很不幸許多詮釋版的書將 "EQ" 簡化為以情緒控制或管理為主要的訴求，而忽略情緒除了是一種狀態，更重要的是它對人的發展扮演重要的意義。對個人發展的影響，我們可以嘗試從幾方面來瞭解它。

　　大家可能對 Piaget 的認知發展的理論很熟悉，但 Piaget 也曾在他的著作 *Intelligence and Affectivity* 中提到情緒，他認為情緒不是只是出現過後慢慢的我們就忘記，它可能會影響我們對相關事件的理解或記憶的再現。從道德教育來看，早期經驗情緒的記憶，可能會影響我們對相關道德規範的態度，或引發道德動機的可能。也就是情緒可能影響我們對道德規範的基本態度。其實近年來的研究顯示，在道德教育中最大的問題，不完全是學生對規範的認識正不正確或會不會遵守規定，而是對相關規範的基本態度或情緒經驗。有時我們會因著外在的獎懲或壓力而暫時遵守相關規範。但是當這些外在力量不存在或不明顯時，我們可能就不再遵循這些原則。或是可能因著對懲罰恐懼的內化，而以一種恐懼顫兢的方式面對規範。也許透過內化過程的確可讓一個人願意遵循相關規範，但這種恐懼顫兢

的態度，可能會影響未來他對他人的違規行為的態度，因而很容易對違規者充滿憤怒與敵意。也許這可以部分理解，為何有些父母或師長面對自己子女或學生的違規行為，常充滿了憤怒與不滿的心態，因為他自己對這些規範的態度是不恰當的，因而造成他在管教中的限制與困境。

其實情緒常跟個人的動機有很大的關聯，長期對相關事物的情緒經驗常形成個人對該事物的態度與動機。因此若完全以打罵教育所形成的習慣或行為，儘管可能因此制止某些不當的行為，但帶給個人發展的負面影響可能超過我們的預期。所以若學校無法以其真正的專業素養來管教學生，而習慣以體罰或強硬的控制為管教的基礎，學生的問題可能暫時在學校中被抑制下來，然而未來卻可能對社會造成更大的問題。因為這些被壓抑的憤怒可能在離開學校後形成更大的社會問題。當然從事教育工作者或為人父母，可能可以深刻體會，人不是都只有好的一面或完全是善的，人常存在一些限制或是自私不完全、屬於惡的一面。因此我們常不得不去面對這些人惡的面向。然而完全以暴制暴或以強硬或直接懲戒的方式，勢必無法真正處理這些問題。有一本在臺灣已翻譯而且暢銷的書《巫婆一定得死》(*The Witch Must Die: How Fairy Tales Shape Our Lives*)。書中描繪小孩可能得面對的七種罪。書中認為許多童話故事背後的目的，常是要處理這些人的罪。透過童話故事的處理，讓小孩理解這些罪可能帶來的問題及如何面對這些罪。其實書中基本的立場應該是以心理分析的觀點來理解這些現象。在心理分析中強調人的 "Id" 部分，主要以追求愉快逃避痛苦為原則，因此若完全讓自己依循該

原則，則可能陷入人的自私自利中，或自我放縱的自我傷害。但如果以強硬或直接的干預或制止，可能會讓這些部分轉成個人潛意識，因而對個人的未來可能有很負面的影響。因此在成長過程中如何讓 "Id" 的部分能有意義的轉化就成為很重要的學習議題。

其實輔導工作常要處理的就是讓 "Id" 的部分能有意義的轉化。藝術的創作、戲劇、小說或運動的比賽或競爭常提供我們轉化或提升的機會。心理輔導也一樣可以提供個人轉化的機會。以敵視或否定這些 Id 的反應，或以邪惡或醜陋來直接標籤這些與 Id 有關的行為，將無法讓我們真正跳出這些限制。一樣的，試圖以合理化來強調反應的正當性或必然性，更會讓我們一直被這有限性掌控而不自知。

心理輔導理論試圖從不同方式來處理個人轉化的問題，例如：Maslow 的人本觀點，Maslow 對人的需求層級的理論中強調，人有基本需求（例如：生理、安全）與存在需求（例如：知識 (knowledge)、美感 (aesthetic) 或是自我實現 (self-actualization)），當人愈追求高層級的需求時，他的基本層級的需求也相對減少。所以當人能為了更高的理想或目標而努力時，他的 Id 部分可能部分被轉化。

圖 3-1　美國心理學家 Maslow，認為人有生理、安全、歸屬、尊重及自我實現不同的需求。前面屬於匱乏性需求，自我實現屬於存在需求，當匱乏性需求獲得滿足時，才有動力去追求存在需求。

第四章

問題的建構與不同觀照面的詮釋

◎ 第一節　問題的澄清與理解

　　每個人對於自己所面對的情境或遭遇的問題，都有自己的一套解讀方式來處理。考試考不好我們可能會歸因於自己努力不夠、能力不足、沒有天分、或老師考試考太難、或出題太偏頗、運氣太差、讀的不考沒讀的卻考一堆。有時出門搭公車等了很久仍然等不到公車，或自己開車遇到許多紅燈或交通阻塞，我們可能會覺得自己很倒楣或運氣很差。工作經常不順利或遇挫折時，可能會認為同事故意不配合或主管太囉唆專找麻煩，甚至覺得他們心理有問題，才會發生這些不如意的事。或是有些人在婚姻關係中，出現一些爭執或衝突，可能就很快覺得當初選錯對象，或兩個人個性不合才會發生這些問題。

　　事實上，我們常會在自己遇到不如意的事件，或發生特別的狀況時提出可能的個人解讀。常因著我們的不同解讀方式，不僅產生不同情緒反應及當下的處理方式，同時可能也會引起未來對相關情境的態度。這些解讀方式可能不是一時的反應，往往是個人長期累積及塑造的結果。因此，瞭解個人如何理解外在事物，或解讀相關事件成為輔導中很重要的基礎。

第二節　問題的詮釋及其影響

對所遭遇事件的理解或詮釋，不只會引起未來對該情境的反應及態度，同時也逐漸形成對相關事件的態度。例如：覺得因為運氣太差才一直遇到交通阻塞，或工作老是不順利的人，可能會不斷的去改運，或無奈的接受事實。一樣的，將問題歸咎於同事，或主管故意找麻煩或有問題，可能也不會引起自我改變的動機。數學考試考不好，如果被歸因於自己笨，或數學能力有限，未來面對數學考試時可能事先已無奈接受不可能考好的事實。相反的，如果歸因於努力不夠，以後的考試可能引起更積極的態度，因為未來還有許多改變的可能性。

事實上，我們對目前事件的態度可能受到早期對相關事件詮釋的影響。早期的相關假設或長期疊積的歸因結果，可能會成為個人的信念。當然若個人的詮釋經事實驗證的結果，發現與事實不符，這些假設可能再被修正或調整。不過人往往以選擇性的注意(selective attention)，忽略與自己假設不符合的部分，而較多注意符合的部分。所以個體所形成的詮釋系統可能不容易改變或調整。

第三節　從不同觀照面建構問題

當一個人帶著他自認為是問題的問題來尋求幫助時，輔導者得重新理解他的問題，因為很多問題背後，反映出個人的詮釋系統或信念，而不一定是事實的本身。當一個現象或事件，從不同觀照面來理解時，可能產生不同的詮釋。就像有人在工作上常遇到挫折，他個人一直認為是同事或主管找麻煩，這樣的歸因方式不只讓他很

容易對工作夥伴產生敵意，自己也不會嘗試改變。事實上這問題的出現，的確可能是別人找麻煩，但也可能是自己的問題，或不完全是自己或他人的問題，主要是溝通的問題，或源自於不同習慣或行事風格而產生誤解。

　　任何的問題從不同角色來理解，或不同情境脈絡來思考，甚至從不同的理論架構來觀照，都可能產生對該問題所呈現的不同意義。就如同青少年與父母的衝突，以孩子的角色來看，可能覺得父母不瞭解他們的需要；以父母的角色來看，可能覺得小孩變得不乖、不聽話或不尊重權威。然而如果從兩者的背景或成長脈絡來看，親子之間的衝突可能反映在不同歷史背景下，對權威有不同的期待。從青少年發展理論來看，可能認為這是青少年成長中正常的現象，或許也是不可避免的學習歷程；從家庭系統理論來看，這種現象可能是因為家庭成員的自我成長與改變，促使家庭系統的變動，與整個系統對成員變動的抗拒。如果我們要問「到底那種說法才是正確的?」也許只能說不同理解方式，背後有不同的思考架構及其假設。當然，不同的理解方式對人的影響也有所不同。

◎ 第四節　有意義的理解問題

　　不同觀照面可能對問題有不同詮釋，同時也引起我們對問題的不同反應與態度。然而，並不是所有的問題詮釋的方式對我們都是有意義的。試想若有人想瞭解人的哭泣，因而收集不同人的眼淚作仔細的成分分析，他可能可以得到清楚的結果是，人的眼淚除了水分還有些化學的離子成分。雖然結果是明確的，但可能對人的哭泣無法提出有意義的理解。就像有些有遺傳疾病或天生殘障的人可能常會問「為什麼我會有些生理的問題?」「是誰造成的?」或有些人發

生意外而造成身體的永久傷害或死亡，當事人或家人也常會問「為什麼會發生這種事?」其實這些問題可能無法幫助我們有意義理解我們的問題，因為即使有一天我們真正知道遺傳疾病的原因，或知道發生意外可能責任的歸屬，其實也無法真正改變我們的問題與現狀。因此，面對這些天生的缺陷或不可避免的意外，可能要問的問題是「我如何面對目前的有限性?」才能提供有意義的問題理解。輔導者常得從有意義的角度，提供自己及被輔導者來理解所面對的問題。

 問題討論與思考方向

一、當我們看到有人發生意外事件，例如：車禍、火災、土石流淹沒住家、被搶劫等，我們直接的反應是什麼? 我們會歸咎於個人運氣、個人責任或歸咎於外在環境? 為何我們會如此反應?

二、當有些人事業有成或在學校中品學兼優，你覺得是他運氣好? 資質好? 或他們很努力造成的?

三、列出三個你喜歡與不喜歡的人。接下來想想前三個人跟後三個人有何明顯的不同，回想一下你以那些標準來區辨喜歡或不喜歡?

四、你是否能清楚知道自己的偏好? 這些偏好與別人有那些是顯著的不同? 你如何面對與別人的差異?

觀念補給站

個人發展與情緒對心理輔導的意義㈡

　　情緒常逐漸形成人們對事物的基本態度。有關情緒對人的影響，可以從幾個生活中的例子來看，小孩的情緒如何影響他實際的行為。在臺灣，幾乎大部分的小孩都喜歡麥當勞，其實以他們提供的西式食物，應該不能完全符合以吃中式食物成長的小孩的飲食習慣。就以我女兒為例，她從小就一直喜歡麥當勞，我本來以為她真的喜歡西式食物，可是到美國沒多久，她很快的就對西式食物沒有任何興趣。但她還是一直喜歡麥當勞。我發現，她喜歡的應該不是食物本身，而是她對麥當勞的感覺或一種情感。這些感覺的形成可能同時包含：他們不斷更新的兒童餐玩具、有許多遊樂空間、有時店員隨機給的小玩具、食物的包裝、便宜又好吃的冰淇淋。長期下來麥當勞始終是她最喜歡的店。所以她的喜歡是建立在長期累積的情緒經驗。

　　不只是麥當勞的例子，在美國我們去過不少家餐廳，有許多餐廳的規劃與設計其實不適合小孩，因為他們以約會或談話為目的，因此許多的氣氛或擺設其實對小孩是個限制與干擾，所以許多小孩並不是那麼喜歡大人所謂有格調的餐廳。不過近年來我們發現他們有些規劃，會進一步考慮到小孩的需要，例如：許多餐廳在進門時都會給小孩一些蠟筆及畫紙，他們可以盡情的畫畫，而且可以擁有漂亮且可以帶走的杯子。對小孩而言用餐時間很短，因為只要吃飽後，就得忍受大人的聊天時刻。畫畫可以讓他們愉快的渡過其他用

餐時間。我發現後來許多小孩會因著那幾根蠟筆及畫紙而真的喜歡上該餐廳。情緒經驗常影響我們可能的態度，甚至會產生我們行為部分動機的來源。因此情緒的確可能影響我們的思考與對事物的態度。

　　情緒可能影響我們的思考，我們的思考也可能影響情緒。我們可以從一些研究中，來瞭解小孩的情緒的可能發展，例如：兒童的道德情緒發展。從 1988 年起（例如：Nunner-Wrinkle 或是 Arsenio 等人的研究），就有許多對兒童道德情緒的探索，其中有一系列的研究，從兒童對一些違背道德事件的反應來瞭解他們的情緒與感受。其實早期的道德發展研究（例如：Turiel 或是 Nucci 等人的研究）就已一再顯示，三、四歲的小孩就能清楚確定偷別人的東西或傷害別人是不對的，這與權威的態度或社會化無直接關聯。然而有趣的是，這些「正確」的判斷卻與道德情緒沒有必然的關聯。研究中以幾個小故事為例，故事一：有一個小孩看到班上同學有很漂亮的夾克，他趁同學不在時偷偷拿走他的夾克，據為己有。然後進一步問小孩子對整個事件的瞭解與感受，當問小孩偷別人的東西對不對，他們可以清楚回答該行為是錯誤的行為。但問他們拿到那夾克的小孩會覺得怎樣，三、四歲的小孩大部分會回答很高興，逐漸到了六、七歲時才有較高比率的人，會考慮到受害者的感受，而對該事件有不同的情緒反應。另一個故事是，有一個小孩看到其他人在盪鞦韆，他也想盪鞦韆但已沒有位子。因此他推倒其中一位同學，而搶到鞦韆。一樣的，儘管年齡小的小孩，也清楚知道那行為是不對的，但卻會認為那個搶他人鞦韆的小孩會覺得很高興，他們似乎完全忽略了被

害者的感受。根據研究的分析發現，對小孩而言的確可以清楚知道被害者及加害者的感受，但是想到整個事件時，他們可能會很容易只注意到加害者所擁有的戰利品，而忽略受害者損失的感受，因為這兩件事對他們而言，可能是彼此獨立沒直接相關。直到一定的年齡，他才能同時考慮兩者的關係，而有不同的情緒反應。對同一件事有不同情緒，對小孩而言可能因為他們能力的限制，而會做選擇性的理解。因此若父母或師長無法瞭解小孩的限制，而完全以自私或不乖來管教他們可能會造成更大的問題。

　　情緒是否為人們共通的表達，或只是一些文化的產物？其實有關人對情緒的表達及理解，在一些泛文化的研究發現，整體而言儘管在不同文化中，有些共同且經常出現的基本情緒，主要是包括：愉快 (happiness)、難過 (sad)、嫌惡 (disgust)、生氣 (anger)、驚訝 (surprise)、害怕 (fear) 等六種。儘管在不同文化脈絡，大部分的人可以從外在臉部表情，正確的判斷出他人的情緒或感受。特別是研究者以嫌惡的情緒為研究主題，他們發現小孩子對嫌惡的反應，會因著年齡的發展而有不同的反應。一歲左右的小孩幾乎完全以直接嘗試的方式，來瞭解不同的食物。因此儘管食物外表很噁心，一歲小孩不受其外表影響他的感受，但是三歲小孩會因外表難看或噁心而拒絕嘗試該食物。但是如果立即去除外在的因素他們則會改變他們的想法。例如：研究者將一隻蟑螂放入果汁中，他們看到蟑螂就不願意喝那杯飲料，可是如果在他們面前將蟑螂撈出來，他們就會願意喝下那杯果汁，因為對他們而言這杯果汁已變「乾淨了」。但是對於七歲以上或成人，都會覺得該杯果汁已被「污染」因而不願意有

任何妥協，拒絕嘗試這杯噁心的果汁。這種被污染的情緒感受常出現在成人的反應，例如：不願意以全新的尿壺來喝果汁。因此成人的嫌惡反應已逐漸的因著「污染」的概念或連結的經驗而與兒童有很大的不同。我們可以發現隨著年齡發展，人的情緒及思考的關聯性愈來愈密切。因著我們的思考將情緒轉到其他的事物，因而逐漸形成我們對相關事務的態度。

心理的衡鑑

第一節　基本資料的建立

　　當我們面對人時，常常對「他是怎樣的人?」很自然有些想像或假設。如果與對方初次見面，我們可能會有更多的想像與可能的假設，例如：要不要跟這個人作朋友，我說那些話他會高興或生氣。儘管是朋友，我們仍會以他過去的行為表現，作很多可能的假設。例如：要不要主動跟他打招呼，他現在是高興或生氣，我應該作什麼才好。如果是好朋友可能因著對其個性的瞭解與習慣，提出可能的假設。當然這些假設與想像，多多少少可能與事實有些距離，因而造成一些誤解。然而，從另一方面來看，這些假設或想像常成為我們人際互動的基礎，讓我們能跟他人維持適當互動的憑藉。一個好的輔導者，應該要有好的敏感度，能減少假設與事實之間的落差。然而更重要的是認知上有彈性，能不斷修正自己的假設和想像與事實間的距離。因為人都有其有限性及盲點，生活經驗的限制及個人的偏好，很容易使我們對他人的知覺有偏頗。

　　在輔導中提供修正的來源，常來自於完整基本資料的蒐集與客觀的評量工具。例如：個人的家庭背景、成長歷程相關經驗，及日常生活表現等，建立較完整的資料可以提供輔導者，能逐漸調整自己的假設。然而大部分的資料大都由被輔導者提供，可能有其有限性，甚至與現實有些落差，例如：他可能覺得同學常對他不友善，但問題可能出自於他對別人行為不當解讀。因此，配合其他評量工

具，可以減少這些資料與現實間可能的差距。

◎ 第二節　標準化測驗的運用

　　好的評量工具不只能提供多元的指標，對於評量結果，若能透過有意義的轉化，便可幫助我們更瞭解其結果可能的意義。就像智力測驗適當的使用，可以幫助教師，對於學習表現較落後的學生，有更多瞭解的管道。若測驗表現分數高，而其學校學習表現較差，可能得進一步瞭解，影響學習低落的其他干擾因素，例如：個人情緒、人際關係或家庭現況。相反的，若測驗表現分數差，同時學校學習表現也較差，可能反映出個人的認知能力的有限性，教師可能得考慮這些因素，調整或改變對這類學生課業的期待或提供不同學習方式。

　　目前在臺灣出版的一些常用的測驗，包含從國外取得版權翻譯或自行開發，以中國行為科學社出版 (www.mytest.com.tw) 的測驗為例，可分幾個不同類別：(1)智力測驗類別：包括國民中學智力測驗、學校能力測驗、圖形式智力測驗、魏氏智力量表系列、系列學業性向測驗、瑞文氏圖形推理測驗系列與魏氏記憶測驗；(2)人格性向測驗類別：包括柯氏性格量表、行為困擾量表、曾氏心理健康量表、貝克量表系列；(3)其他類別測驗：例如生涯興趣量表、學習態度測驗、父母管教態度測驗、工作價值觀量表、青年生活適應量表等。另外臺灣的心理出版社心理測驗諮商學苑 (www.psy.com.tw) 也有智力測驗（例如：托尼非語言智力測驗）、性向測驗（例如：威廉斯創造力測驗）、人格測驗（例如：基本人格量表）、適應量表及發展篩選（例如：中華畫人測驗、拜瑞一布坦尼卡視覺動作統整發展測驗）等不同測驗的評量工具。若以美國較大的出版社，Psychological

Assessment Resources Inc. (PAR) (www.parinc.com) 為例，常用的性格測驗，例如：MMPI 系列測驗，STAI (State Trait Anxiety Inventory) 的焦慮評量，自尊的相關評量也可以提供對被輔導者更多有意義的資料。除了量化的評量，還有些投射測

圖 5-1　墨跡測驗。由瑞士精神科醫師羅夏克編製，測驗由 10 張有墨漬的卡片所組成。

驗，例如：TAT(Thematic Apperception Test) 由圖片來看圖說故事中評量個人的心理狀態，或是羅氏墨跡測驗 (Rorschach Psychodiagnostic Test) 主要透過墨跡圖片的反應及解說中，試圖讓我們更進一步瞭解個人的心理狀態或內在傾向。然而不同測驗可能因著其測驗的目的及其對結果解釋的專業需要，得考量施測者是否有足夠的專業素養或接受的訓練，而有不同的等級劃分，例如：PAR (Psychological Assessment Resources) 區分 A、B、C 不同等級，A 級只要一般教師或受基本訓練就有資格使用，而 C 級要具有一定學位或專業訓練。

　　然而這些評量工具，有其不同發展該工具的目的及其對相關概念的定義，因此有一些基本的假設與預期，例如：什麼是智力？對智力的定義不同可能就發展不同的評量方式；又如自尊的評量也一樣，從評量的相關項目或方式中，反映出作者對自尊概念不同的定義。因此測驗的信度及效度成為測驗品質高低的基本條件，信度是考慮測驗的一致及穩定性，包括：不同時間的穩定、題目內部的穩定、不同評量工具的一致性、不同評分者的一致性等。效度關心的是評量工具是否有測到要測的，可以從其內容、概念或以相關實際行為或表現指標來考量。

　　另一方面要考慮的是有關測驗結果的分析與解釋，對於評量的分數常透過統計的轉換或與他人的比較而呈現的相對關係，例如：經由百分等級的參照或年齡、性別不同常模的參照。因此這些評量結果得透過專業的解釋與說明，才不至於對評量結果有些過度的解讀，或拿來標籤一個人甚至被濫用該結果。

◎ 第三節　其他相關資料的蒐集

　　透過其他相關資料的蒐集，常也能提供我們對被輔導者有更多瞭解。當然，輔導者無法像徵信社或調查局一樣，詳細進行相關資料的蒐集或查證。然而若輔導者是在學校系統就有許多相關資料，例如：學校及課業表現、輔導室的相關紀錄等相關資料來進一步確認。除了過去的客觀資料，被輔導者在初次晤談的態度及表現，或是在進行測驗時的反應，例如：在智力測驗常有實作評量的部分，受試者若能在一定時間內適時完成，或時間已到仍無法完成時的反應會有所不同，例如：有些人會很有挫折，有些人還會一直想完成，對有些人可能覺得無所謂。事實上，這些資料的蒐集，都可以提供輔導中有意義的資料與幫助。特別是對於兒童或某些青少年，有時可能因語言表達有限，若輔導中提供實作的活動，例如：玩偶、黏土、圖片等，往往可以成為很好的彼此溝通的工具，同時也能藉由他們在這些互動中實際行為的表現及他們的情緒反應，可幫助我們更加瞭解被輔導者。有關這一部分的議題，我們會在本書第二部分藝術治療方面做更多探討。

◎ 第四節　資料的結構化與解讀

　　當我們已逐漸收集相關資料後，接下來也是最重要的是，如何對這一系列資料進行有意義的解讀。第一、我們考慮的是資料所提供的信息是否一致，有那些信息是矛盾的？它可能的原因是什麼？接下來我們要考慮的是，從資料中告訴我們主要的信息是什麼？是否我們可以從這些資料中形成一些假設，或提供初步對問題診斷的結果。經過資料的結構化與解讀後，這些資料可以成為輔導者未來輔導過程中，很有意義的參考依據。事實上，在心理諮商專業人員的培養中，心理的衡鑑的訓練主要的目的，是培養輔導者具有對評量結果作結構化資料的能力及有意義的解讀。

　　然而完全從資料的整合中形成的可能假設，或對被輔導者的問題的可能理解，可能是有限的或是片段的。輔導者需要從理論的架構的反省，提供我們形成一些假設，進而對資料作進一步驗證。有關理論的介紹及從理論的架構來思考問題，這是接下來本書的第二部分所要處理的議題。

問題討論與思考方向

一、我們常看到許多媒體或網路提供心理測驗的評量，這些心理測驗與本章所提的心理測驗有那些不同？為何專業的心理測驗強調版權及施測者的分級？

二、我們常會面對自己是否要使用心理測驗，因為評量的結果可能只是一些刻板印象或對個人的標籤化？

三、從小到大我們可能曾經接受過某類智力測驗的評量，這些工具
　　常只是使用紙筆測驗，紙筆的評量是否可測出個人智力？在輔
　　導專業機構常使用魏氏智力測驗或比西智力測驗，這些測驗與
　　一般常見紙筆的智力測驗有那些顯著的差異？

2 理論篇

第六章

心理分析取向的輔導觀點

第一節　基本概念及源起

　　心理分析學派是諮商與輔導的理論發展中很重要的開創者，後續幾章要介紹的相關輔導觀點的理論，多多少少都受其影響，而心理分析學派中，Sigmund Freud (1856–1939) 是重要的代表人物，他強調個人內在衝突是形成個人性格及心理問題的主要來源。而衝突的來源主要是來自於個體人格結構中三個部分：id、ego、superego。然而不同部分的人格結構所使用運作的法則有很大的不同，id 追求的是愉悅

圖 6-1　奧地利精神科醫師與著名心理學家　Sigmund Freud，創立了心理學的精神分析學派。

(pleasure) 的滿足與痛苦的減少，而且是非理性、固著的，有許多要求。就像一個小小孩需要就是立即要得到，可是有時一下要這樣，過一下又要那樣。其實他們要的是立即或當下愉快的獲得，同時也避免可能的痛苦或不舒服。它應該是屬於人較接近生物本能的一面。相對的。ego 運作的法則是建立在現實 (reality) 的法則上，考慮的基礎是現實的需求與期待，它是理性的，同時能處理個人所面對的真實世界。另一方面，superego 追求的是完美 (perfect) 的法則，包含個體的良知與社會的理想，它讓一個生命個體能跳脫出自己生命的

有限性。這些不同的人格結構，由於其處理的基礎法則有很大的差異，因而很容易造成緊張與衝突。這些內在的衝突如何處理，以及處理的方式與造成的結果，常成為未來心理問題的重要來源。特別是一些無法面對或處理的緊張與衝突，常以逃避或壓抑的方式來處理，它可能就成為潛意識 (unconscious) 的一部分，因而造成未來更複雜的心理問題。

心理分析學派主要的觀點認為，造成人問題主要的來源是在潛意識層面的影響，因此它無法用理性的法則來直接分析行為，正因為如此，從心理分析的觀點要真正瞭解個體的問題，要對潛意識層面有更多探索。因此夢的解析可以成為瞭解人內在潛意識的可能管道，個人無意識的塗鴉或一時的說錯話，都可能是潛意識的作用。在治療中使用自由聯想的方式或對治療者的移情或投射也可能成為探索潛意識的管道。

心理分析學派對人心理問題產生歷程的詮釋，可以從其對內在心理防衛機制的分析來進一步瞭解。自我心理防衛機制 (ego defense mechanism) 是個體處理個人內在的衝突或壓抑內在的緊張或焦慮，而形成一種內在的因應機制，常見的心理防衛如下：

一、合理化現象：主要出現在當自己無法得到某物品，而嘗試將該物品的價值貶低，例如：吃不到葡萄說葡萄酸。透過合理化的歷程，雖然可以讓個體暫時減少內在的緊張與衝突。然而整個處理的方式可能形成未來更複雜的心理問題，因為它已扭曲個人對外在世界的知覺。

二、投射作用：常出現在個人可能擁有一些不為自己所接受的特質或傾向，所以當個體與人互動中，嘗試將這些部分歸咎於是他人擁有，而減少自我因覺察自己不喜歡的特質所造成的焦慮，例如：常覺得別人對他有敵意的人，其實可能是自己對別人有敵意，而將

此心境歸咎於是他人的問題。

三、反向作用：因不能忍受或面對個人擁有的一些反應或態度，而嘗試表現一種完全相反的態度或行為，來遮掩或證明自己的清白。例如：媽媽因對新生兒的照顧，可能引起許多挫折或憤怒的情緒，這些負面感受同時也引起媽媽的罪惡感，因為這些反應與好媽媽的形象有很大的落差，媽媽為了否認自己的感受與情緒反應，因此不斷努力表現出對小孩的關愛來證明自己的清白。出於反向作用而產生的關愛可能會出現過度保護或溺愛的行為。

四、抵消作用：主要是以一些儀式化的行為或動作，來消除自己負向的感受，或減低不舒適心理狀態。例如：以不斷洗手來消除心中污穢的感受，或因無法面對死亡的恐懼，以許多儀式或特別的行為方式，來消除內在的恐懼或焦慮。這部分可以從傳統的文化中發現，死亡可能引起我們很大的恐懼，因此我們嘗試避免使用與死有關的信息，例如：數字四或是葬禮中許多的禁忌。這部分顯現我們的文化對於死亡的議題無法恰當的處理，因此常以許多儀式或行為模式，來處理親人的過世，來消除死亡的恐懼。這些儀式與美國社會中的葬禮有相當大的差異。

五、替代作用：主要是指自己的內在負向情緒因情境約束或個人角色的限制，無法直接發洩出來，一旦當自己較有權力掌控，或無法再限制或約束其行為時，這些情緒就可能爆發出來。最常看到是父母可能會將白天在工作中的不滿或氣憤帶回家中，而讓子女無形中成為代罪羔羊，得忍受這些不合理的情緒。

從自我心理防衛機制中的各種現象，呈現出對人的問題的瞭解，可能無法建立在表面行為的反應，或直接處理人的外在行為便能解決問題，個人內在的心理動力才是決定行為的重要力量。因此要幫助一個人改變，需要進一步瞭解個人內在的心理動力與內在的心理

衝突。

◎　第二節　對人的觀點及對發展的期待

隨著個體的發展，個人內在需求或愉快的滿足會有不同的改變，有些改變是完全來自於生理的力量，有些可能受社會或文化的影響較大。在不同轉換中就呈現不同發展階段的特色。Freud 從心理與生理的角度來看人的發展，從最早期出生到一歲左右的「口腔期」(oral stage)，主要愉快的滿足來自口腔，如吸吮是這時食物主要的來源，同時也是愉快獲得的主要途徑。隨著生理的發展，一歲以後的發展階段，Freud 稱之為「肛門期」(anal stage)，這時期的嬰兒已逐漸學習控制自己的身體，包括：學走路、拿東西、大小便的控制。他們的滿足已不再以口腔為主，而主要的愉快來自於控制。特別在大小便控制，他們展現自己的力量與自主權。他們在整個學

圖 6-2　小孩子在「肛門期」透過對大小便的控制，來達到自我的滿足。根據 Freud 的看法，口腔期、肛門期與性蕾期對人格發展的影響最為深遠。

習過程，權力大都掌控在照顧者身上。大小便控制讓他們體會到自己的權力，能影響別人。

從三歲至六歲稱之為「性蕾期」(phallic stage)，最常面對的性別的認同，男孩雖然喜愛自己的母親也希望能擁有她，但由於體會到無法與強而有力的父親競爭，因此藉由對父親的認同而減低與父親抗衡的恐懼與不安。女孩也期待父親的讚許與喜愛，但一樣的無法

與母親抗衡因而轉向對母親的認同。六歲以後到青春期以前為「潛伏期」(latency stage)，這時主要是進入學校學習社會化，同時學習發展與人的關係，在遊戲及運動中，建立各種社會關係。

「青春期」(genital stage) 由於個體性的成熟，學習如何以社會能接受的方式處理與性有關的議題。最後進入成人期 (adulthood)，由於性的發展已成熟，因此逐漸轉向愛與工作的學習與實踐，同時脫離父母的影響，能開始學習關照別人。

Erik H. Erikson 也是屬於心理分析學派的代表人物之一，他對個體的發展比 Freud 更強調社會層面的影響。從個人發展與社會關係的相互影響中，Erikson 提出人發展的八個不同階段，每個人在各階段中要面對不同的發展議題，而且早期的發展議題同時可能也會持續對後來的發展階段有顯著的影響。Erikson 提出最早的第一階段是從出生到一歲半左右，主要的是處理信任與不信任 (trust vs. mistrust) 的議題，當一個生命踏入這個世界後，最先開始學習與照顧者互動；這些互動的經驗提供他對這個世界的瞭解。如果在長期互動中覺得他人是可預期，同時在互動中得到需求的滿足，則可能逐漸形成個體與外在世界的信任關係，信任的關係同時也引導出發展中對外在世界的希望 (hope) 與

圖 6-3　德裔美國心理學家 Erik H. Erickson（圖右），將人格發展分為八個階段，每一個階段都有其要去解決的危機。

期待。然而如果長期無法在互動中得到個人的需求與預期結果，則可能引起個人與外在世界的不信任關係。這樣基本的不信任基礎可能成為未來發展的障礙，或無法與人維持更好互動的因素。

　　到了第二階段約從一歲半到三歲左右，Erikson 認為自主 (autonomy) 成為發展的重要議題，個體開始學習掌控，學習嘗試或探索，也確定自己的可能與有限性，過程中可能發現自己是有能力，對自己有信心，也可能因無法掌控或嘗試的挫敗，或是照顧者鼓勵個體更習慣對他人的依賴，而對自己產生更多自我懷疑 (self doubt) 或羞恥感 (shame)。自我意識在這階段中很明顯的出現，父母常可在這階段發現孩童的反叛行為；然而這些行為並非因為自己「要什麼」，而是以「不要什麼」來展現自我的自主性。當然過度的放縱可能讓孩童無法學習適當的羞恥感，或無法逐漸跳出自我的中心；然而如果父母過度的限制或壓抑這些自主行為，則可能干擾孩童學習意志的發展，因為發展恰當的自主性能力同時也讓個體學習意志 (will) 的展現。

　　第三階段大約從三歲到六歲左右的學齡前時期，主要是個體自發性 (initiative) 的學習，這階段呈現更有目的 (purpose) 的行為或更有規劃的選擇，透過適當的自我決定與能力表現對自我有正面評價，相反的，若照顧者不允許個體自發及有目的嘗試與選擇，則個體會因個人的自發性的嘗試或企圖，產生內在的罪惡感 (guilt)。當然內在的罪惡感對個人的發展仍是有意義的影響，也是讓孩童瞭解個體自發性 (initiative) 並不是任意的，可能有它的限制；然而如果內在的罪惡感完全限制了個體自發性的可能，那將形成發展的障礙。其實 Erikson 強調的發展方向並不是只要「信任」、「自主」或「自發」為主，對於適當的學習面對「不信任」、「羞恥感」、「罪惡感」仍是很重要的發展課題。

　　Erikson 的第四階段主要是從小學時期到青少年的前期，面對重要發展的議題為勤奮與自卑 (industry vs. inferiority)，從競爭與比較中，培養個人能力 (competence)，同時也開始拓展對外在世界的瞭

解，學習社會角色、學校課業及基本技能，發展個人價值觀，學習與他人相處。在學習中若能引起意義的學習與目標的達成，則能體會勤奮的目的，反之可能出現自卑 (inferiority) 的感受或傾向。不過自卑感也是發展中要面對的議題，從自卑感中面對自己的有限性，同時也瞭解自己能力的獨特性；讓自己對個人能力的認識是建立在競爭與比較的客觀基礎，而不是活在想像或自我膨脹空間中的主觀世界。

Erikson 提出第五階段主要在青少年時期，個體開始發展自我的統整，從自我的嘗試與檢驗中，脫離早期的依賴，建立自我的定位與發展目標，進一步澄清個人生命的意義與目的。從整個過程中，學習忠誠 (fidelity) 於自己的定位與角色。因為到了青少年時期，隨著個人的發展個體所面對的外在世界不斷在改變中，例如：不同人際關係、社會期待與個人角色；若個體沒有進一步探索自己的定位，或一直停留在過去的經驗中，個體本身無法從這些嘗試與新的經驗中，產生目的與意義則可能產生發展的停滯或角色的混淆。當然經歷角色混淆的歷程也可能成為自我認同的基礎，因為自我的認同需要一定的時間與歷程，個體可能都得經歷角色的混淆或自我的迷失，然後逐漸從自我探索中重新追尋自我的建構。基本上，自我的認同在青少年時期是很重要的開始階段，然而成人時期的親密關係或家庭關係都可能引起自我的重新建構。

第六階段為親密或孤立 (intimacy vs. isolation) 議題的學習，從親密關係中，重新建構自我的定位，確定自我發展的方向。在自我的建構中學習建立愛的關係。若無法建立愛的關係或重新自我建構則會進入疏離與孤立的狀態。親密關係同時也讓自我重新檢視自我的認同，因為兩者的關係讓個體得從親密的夥伴的觀照點來瞭解自我，因此可能得重新面對自我認同的議題，對自我重新理解與建構。

圖 6-4　藉由生命的延續，個人的發展又邁向下一個階段。透過生產與教育，是對自己生命的一種傳承。

當進入成人時期的第七階段時，主要面對的議題為生產或停滯 (generality vs. stagnation)。對下一代的生產與養育與對個人工作的創造與生產中學習關照 (care) 的功課，若無法有這方面的學習則呈現停滯的發展。最後的階段為自我統整或失望 (integrity vs. despair) 的議題，當個體進入生命的最後階段，他如何面對他走過的這趟生命旅程，他是否能有意義地統合這些經驗而帶來智慧 (wisdom)，或是只能以遺憾或失望來看自己的生命經歷。

◎ 第三節　對人心理問題形成的解讀

從 Freud 的觀點來思考人心理問題形成的可能，基本上他認為人的問題常不是表面行為的問題，而是內在潛意識的影響。很多行為的問題或心理的症狀，像浮現在海上冰山的一角，在海面下的冰山才是問題的癥結所在。因此如何處理潛意識層面的問題，是輔導者很重要的任務。過去許多無法面對或處理的內在緊張或衝突，被壓抑 (repression) 成為潛意識的一部分。因此這些未處理的問題，可能直接或間接影響行為的表現或出現心理的症狀，這些行為可能無法以理性的分析來直接處理。然而透過一些方式，例如：夢的分析、自由聯想、塗鴉、說溜嘴、或是治療中的投射或移情等，都可能讓這些潛意識的經驗再現。從這些再現的經驗中，讓治療者有機會進一步處理這些經驗。

Alfred Adler (1870–1937) 也是 Freud 早期的追隨者，然而他卻

發展出對人心理問題形成的不同理解方式。就以早期經驗為例，Adler 也強調早期經驗對人的影響，然而他認為經驗的影響不是經驗本身，重要的是人對經驗的理解與詮釋。另外，Adler 也認為個人對自己夢的詮釋比夢的分析本身重要。Adler 基本上認為人的行為是有目的的，他會主動理解外在的事物。影響個人的是他主觀對現實的知覺 (subjective reality)，而不是客觀的現實 (objective reality)。因此個人的認知信念就成為很重要必須處理的議題。

　　Adler 提出幾個常見的錯誤信念 (basic mistake)，例如：過度類化 (overgeneralization) 就是將個人的經驗類推至許多相關情境，或是追求不可能的目標，這些都可能成為個人問題的來源。另一方面，Adler 也強調社會關係，特別是家庭對個人發展的影響，從出生排行、個人在家庭的角色、家庭的關係、價值傾向、父母的行為、手足的互動，都對個體有很大的影響，人需要在社會關係的互動與競爭中，展現自己的重要性與尋求存在的意義，讓人能超越自己的自卑，而達到更進一步的發展。基本上 Adler 認為自卑是成長的動力與創造力的來源，人們不斷從自卑與超越中，獲得更多的成長與改變。

◎ 第四節　對問題處理的態度與方式

　　從 Freud 的概念中，人的很多問題是出自潛意識層面的問題。因此無法直接分析行為或處理症狀來治療人的問題。治療者除了以夢或自由聯想來探索潛意識層面的問題，在治療中藉由個案的移情，將意識層面呈現出來，再藉由治療者的處理，重新檢視相關經驗。讓這些無法面對或未處理的壓抑經驗，重新被理解與建構，而成為意識層面的部分。在治療過程中檢視潛意識層面的相關經驗，可能

引起個人內在的阻抗 (resistance) 或焦慮，所以可能要經過一定的時間，而產生最後的理解或頓悟 (insight)。

Adler 在心理問題處理的取向方面與 Freud 有很大的不同。除了強調家庭的結構或運作 (family constellation)，例如：家庭的價值與氣氛、出生次序與關係、父母的管教態度與行為等因素的影響，更重要的是 Adler 強調對人的理解或信念的處理，例如：早期經驗的蒐集 (early recollections)、決定生活的優先次序 (priorities) 等因素。

家庭的結構或運作是 Adler 瞭解個人生活方式 (life style) 的基礎。從手足間如何尋求自己的有利地位，還有出生次序在家庭結構中常出現的角色；家庭互動中直接或間接呈現的價值觀，與價值觀可能的矛盾；家庭的關係、氣氛與次序的塑造及呈現的風格；父母的行為與對家庭的態度，包括：父母對事物的態度、子女對父母行為的知覺、家庭祕密或特殊事件父母的因應方式；還有家庭中每個子女所扮演的角色，這些因素都可能影響個人「生活方式」的塑造。

早期經驗的蒐集 (early recollections) 是讓個案回想過去最有印象或最特別的事件，從其中進一步探討，這些經驗對個人現在的可能意義。因為這些經驗會很快的浮現，表示它對個人現在有重要的意義。而且浮現的場景、方式或特徵都可能有其意義。從 Adler 運用「早期經驗的蒐集」的方式，展現出他對個人早期經驗建構的重視。

後續的心理分析理論最常看到的是客體關係理論，客體關係理論主要強調人的追求目標必非愉悅的滿足，而是建立有意義的人際關係。他們認為人際互動及互動中所建構的對他人或自己的意象，才是影響人心理問題主要的來源。其中主要代表人物，例如：Melanie Klein、Margaret Mahler、Heinz Kohut、Donald Winnicott 等。除了客體關係理論延續心理分析的傳統概念，事實上，從 Viktor Frankl 的

意義治療、Irvin Yalom 的團體治療及存在治療、Murray Bowen 的家族治療、Carl Rogers 的人本治療學派，都受心理分析學派的理論影響，甚至完形治療學派 Fritz Perls、現實治療學派的 William Glasser 及合理情緒治療學派的 Albert Ellis 等不同治療學派的開創者，早期也都受心理分析的訓練，因此其治療觀點也或多或少受心理分析的影響。從這些現象我們可瞭解心理分析學派對心理治療及輔導工作具有相當大的影響，其影響所及可能超乎許多人的想像。

對本治療學派在心理輔導的使用與建議

　　心理分析學派長久以來強調嚴謹思考與長期專業訓練的基礎，是從事心理分析治療工作者基本的要求。而心理分析學派中，不同支派與學者之間的立場又有很大的差異，因此對於其理論架構中有些概念常不容易理解，除了語言的使用差異，更重要是因為有不同文化或歷史的脈絡，所以在閱讀相關著作時，會遭遇相當多的困境。筆者曾經參與心理分析取向的短期訓練課程，發現其要求嚴格且訓練嚴謹。為了對於心理分析的一些概念有更多的瞭解，我也曾找一些同好籌組讀書會，花幾年的時間一起閱讀其相關原著，然而在研討與溝通中常發現有些概念的確不易理解。不過透過這些討論與彼此的對話，也有不少新的領悟與收穫。雖然心理分析對許多概念不容易說明完整，而且本書篇幅有限，無法詳盡描繪相關概念。然而考慮心理分析的理論對心理輔導的理論發展有很大的影響，因此本章盡量從其基本理念與架構的介紹，讓讀者對心理輔導的發展有更完整的認識。

　　另一方面筆者發現，可能由於心理分析理論的書籍在臺灣較不普遍，許多人習慣閱讀翻譯書籍，因此對心理分析理解較片段，甚至有些誤解。常聽到的對心理分析學派的評價是認為他們太泛性論，

太強調「性」的影響，或是認為他們是決定論，甚至以為三歲就決定一生。對於人格結構中的 "id"，因過去被譯成「本我」，有人甚至認為心理分析將 "id" 視為人的本來的我，其實 "id" 應該是人生物本能的部分，而非等同於人真正的主體。這些錯謬的觀點應該出自於對心理分析認識的有限所造成。其實心理分析許多觀點可以提供我們對人問題的理解更豐富，從相關著作中發現，他們對人的觀察相當細膩，也有其獨特的觀點。

　　就以《巫婆一定得死》為例，本書主要以客體關係理論為其思考架構，強調童話故事背後的意義及處理心理分析人格結構中 "id" 的關聯性。事實上，一樣的觀點在心理分析學者 Bruno Bettelheim 的 *The Uses of Enchantment: The Meaning and Importance of Fairy Tales* 也有類似的描述。他強調童話故事可以幫助小孩理解外在世界，賦予其社會化的可能的意義。另一個心理分析學者屬於 Carl Jung (1875–1961) 學派的 Allan Chinen 在其 *In the Ever After: Fairy Tales and the Second Half of Life* 一書也從分析童話故事 (Fairy Tales) 來看這些故事對成人甚至中年人的意義及影響。從這些著作與論述中，其實呈現出心理分析學派觀點的豐富內涵，同時也展現出他們對人類行為深刻的觀察與理解。

 問題討論與思考方向

一、人有許多內在的衝突影響我們的行為與思考，你可否覺察這種個人內在的衝突或焦慮？或是在那些情境中這些內在的緊張或衝突較常浮現？你如何面對這些衝突？

二、早期經驗對一個人未來的發展多多少少都可能有些影響，特別在早期家庭的互動關係中，對人的影響可能更大，想想看你會

如何描繪你的父親或母親或家裡的其他成員？他們與你的關係如何？在你們之間有那些特別關係或他們有那些特質與你有很大的關聯？你覺得這些關係對你現在有何影響？

三、Erikson 對人的發展提出不同發展階段的主軸，從早期的信任帶出希望，自主性的學習影響意志力、自發的行為建構出個人規劃目標的能力，及在學校生活中從競爭中培養個人能力，逐漸進入青少年時期時，從自我的統整與角色確定中建立個人的忠誠，從親密關係中學習愛的付出，成人時期從養育下一代中，學習照顧與工作的創造及最後階段時，在自我統整建構個人的智慧。從你個人的經驗及觀察中這樣的成長歷程，是否可以用來描繪人的發展？有那些部分與你的經驗或觀察相符合？有那些與你的體會較不一致的？

四、Adler 強調對早期經驗的理解或建構方式，對個人發展有一定的影響，而不是經驗本身對個人的影響，隨著年齡的改變你對早期經驗的理解有何不同的轉變？這些轉變對你有何影響？

五、心理分析學派強調人如何去處理 "Id" 即生物本能的力量，例如：人的慾或人的攻擊或破壞性，是很重要發展的議題，太多的壓抑可能成為潛意識的部分，對未來的發展可能有些干擾，然而太過的放縱，可能與現實有些衝突（"ego" 的運作法則）或影響個人發展的理想（"superego" 的運作法則），你個人認為如何作恰當的處理？從心理分析的觀點，你同意童話故事可以提供兒童有意義理解 "id" 的處理嗎？在學校中要如何處理這些問題較為恰當？

觀念補給站

自我認同與心理輔導 (Ego Identity and Counseling)

　　自我認同對一個人的發展扮演很重要的角色。尤其是進入青少年時期後，個體在生理發展、心理成熟及認知與人際思考上更加成熟與多元，自我認同對一個人的影響更明顯。生理的發展與成熟讓個人得重新面對與調整自己外在及生理特徵的轉變，同時個人心理特質的逐漸形成及對事物理解的轉變，也讓一個人能重新思考如何面對自己所擁有的部分及在社會上可能的定位與角色。特別是在變遷或在多元價值的社會中，傳統價值信念的式微或主流價值的不確定，社會可能提供個體多種可能的發展或多元角色的選擇機會，因此，對於一個青少年而言，如何尋求自己的角色與定位相對的更為重要。

　　然而何謂自我認同？或是如何達到自我認同，可能有許多不同的看法。對於自我認同不恰當的解讀或偏差的理解，往往讓一個人更遠離自我認同的探索，或建立一個不恰當的自我認同。有些學者或教育工作者認為自我認同主要的課題是要思考：我要成為怎樣的人，或我希望成為怎樣的人。其實個人的理想或期待只是反映出自我認同部分的面向。就像許多青少年將某些明星偶像當成自己認同的對象，因此把自己打扮的像某些偶像，擁有一些跟偶像有關的產品，在舉止行為中不斷的模仿自己的偶像。無形中覺得自己似乎成為自己的偶像。然而這樣的過程中，雖然部分滿足個人的期待與理想，但事實上這類的認同與自我認同的內涵有很大的差異。這樣的

歸屬感或認同感常只是暫時性的，因為終究他可能發現他與自己偶像的差距。或是隨著時代潮流他的偶像已不再是偶像，他可能得不斷尋求新偶像，來滿足自我認同的失落。

另一方面，可能有部分學者強調自我認同主要是跳脫個人早期發展的限制或影響，例如：父母的期待、社會的預期或同儕的壓力，才能真正割斷臍帶作大人。或是有人認為活在父母的期待或陰影中，無法讓自己成為獨特與自主的生命個體。因此他們可能不斷嘗試或努力作一些與過去完全不一樣的事情，甚至是不為外在所期待或喜歡的事來證明自己的成熟，或表現自己已充分的達到自我認同，不再受過去或傳統的約束或限制。事實上，Erikson 曾用負向的認同 (negative identity) 來描繪這種現象，他看到有些青少年期待自己能成為與過去完全不一樣的人，因此選擇參與與個人過去價值信念完全相違背的活動或團體，來表現自己的特殊性。然而從 Erikson 的觀點來看這些人並非達到所謂的自我認同，反而是選擇所謂的負向認同，因為他們沒有真正面對過去發展或早期經驗的影響，只是試圖逃避或抹煞自己過去的部分，其實無法達到所謂的個人的連續性 (continuity) 與共同性 (sameness) 的部分，因此並非達到所謂的自我認同。

當然還是有些學者認為應該瞭解自己真正的喜歡或興趣，不只是隨著流行或社會潮流才是真正的自我認同。以尋求真正的自我或理想的自我為發展的目的，基本上是比較偏向人本治療學派的基本觀點，例如：Carl Rogers、Abraham Maslow。然而這樣的觀點與自我認同的概念應該是有些差異。人本學派認為真實自我的基礎是，

讓個體充分展現個體內在的力量或發展傾向。也就是當內在的自我不受外在的壓抑或扭曲時，個體即能完整的展現自我真實的面貌與自我的實現。基本上這與自我認同的建構應該有很大的差距。因為自我認同強調隨著個人成長及環境改變，自我不斷嘗試自我的統整與不斷的重新建構。雖然自我認同在青少年時期是一個重要且顯著的任務，但不是只發生在青少年時期，因為從個體在早期家庭關係中，甚至進入成人時期，親密關係或未來的親子關係，都仍然是自我認同要面對的重要議題。事實上，雖然 Erikson 的發展理論強調的自我認同在青少年時期相當重要，然而這個探索歷程持續在成人時期的親密關係中，可能提供個體在關係中重新建構自我，甚至在成人時期建立的家庭中，家庭與親子關係讓個人從「我」進入「我們」的重新自我理解與建構，都是自我認同建構的重要歷程。

瞭解自我認同概念的緣起與發展，應該有助於我們對自我認同概念的澄清與認識，自我認同的概念最早主要來自於 Erikson 的發展理論。雖然 Freud 也曾經提及 "inner identity"，但與 Erikson 不同的是，Freud 強調的是猶太民族因著共同價值信念及歷史傳統所建構的內在關聯或歸屬感，其實與 Erikson 的自我認同有不一樣的意涵。Erikson 的發展理論主要源自於 1950 年代中，Erikson 從其臨床經驗中發現，有部分第二次世界大戰退役下來的軍人一直存在著個人心理上的困擾，主要的問題是：他們似乎失去其個人本身的連續性或共同性的特殊經驗。從這些經驗中，Erikson 嘗試以他們可能失去個人的自我認同 (ego identity) 來描繪這些人所面對的問題，因著這些相關經驗引發 Erikson 開始對自我認同的思考與探索，進而建

構出其發展的理論。當然這樣理論架構的形成，可能也與他自己的成長經驗有很大的關聯，因為對於一個在猶太族群長大的人，但卻帶有與同儕不同長相及膚色的人，應該可以深刻的體會追尋自我認同的重要。在 Erikson 的發展理論中，Erikson 強調認同 (identity) 主要是一個人主觀的感受，它可以真正體認到自己本身，儘管在不同時間及各樣的情境中，都是一個相同的且連續的的生命個體。當然認同不只是一種感覺，它同時包含生理的特徵、獨特的心理需求與興趣及社會文化的期待，這三個部分交互影響構成了 Erikson 所認為的 "Tripartite Nature of Ego Identity"。

　　青少年時期對一個人的發展而言，是一個很明顯的轉變時期。在生理上他急劇的變動與成熟，例如：第二性徵的出現與生理的成熟，往往讓他們得重新面對自己的變動。特別的是在青少年早期，他們得重新面對，自己改變中的身體意象與他人對自己不同身體意象的反應。因此個人的連續性與共同性明顯成為重要議題。儘管進入青少年晚期，生理的發展雖然已逐漸穩定，然而面對自己無法改變的部分，例如：身高或長相，或接納自己已改變的部分，都是 Erikson 提出自我認同所需要處理的主題。除了生理因素外，個人在認知思考的多元與成熟，或是因著生理及心理的改變而帶來不同人際關係或社會的參與，都可能引起個體得不斷的自我建構，讓自己能真正體會到連續與共同性的生命經驗，也就是自我認同的尋求與確立。

　　從 Erikson 的觀點來看，青少年時期的自我認同最基本的是，要處理早期與重要他人 (significant others) 互動經驗中，藉由

"Identification" 與 "Introjection" 獲取的價值信念。也就是對於重要他人的偏好與價值信念，在個人早期發展中，未經由個人的覺察與理解即完全的照單全收。這樣的接受過程可能出於無法抗拒重要他人或是因著焦慮或害怕，或是對於重要他人的特殊情緒連結，而將這些價值信念完全納為自己的一部分。然而當一個人進入青少年時期，由於個人的逐漸成熟，個人的興趣、能力與偏好及相關信念，可能因著個體的成熟而有不同的發展與可能的偏好。逐漸的，他可能得處理過去的信念及偏好與他本身目前的需要與偏好的差距與衝突。因此，青少年時期要去面對過去直接來自重要他人的價值信念，這些可能包含許多未完全理解或自我覺察的相關信念。透過個人重新面對與處理，才能讓個體建立一個相同且連續的自我，而達到新的自我認同。除了面對早期的經驗，個人同時得瞭解自己獨特的興趣、能力與個人需要。藉著這些自我認識的基礎中，個人能探索與思考如何將自己所擁有的這些獨特的部分，適當的展現在社會中，藉由個人在社會的角色，發展個人的自我，進而建立一個自我與社會的相互需要的關係。

自我認同的概念其實除了 Erikson 的理論，還有一些從不同的理論架構或觀點來進行思考。有些強調外在社會文化影響的理論，例如，有些學者從社會發展及文化的脈絡來看自我認同，他們認為自我認同因著社會不同階段的發展而有不同預期，當然也可能是不同文化期待與要求的產物。Baumeister (1986) 發現在歷史的不同時期，例如：中世紀 (11th–15th centuries)、清教徒時期 (Puritanism era)、維多利亞時期 (Victorian era)、甚至二十世紀，都可能對自我認同有

不同的定義與期待。甚至不同文化或同一個文化中不同社會階層都可能對自我認同有不同的預期與思考。社會文化多少會影響自我認同的建構，在一個穩定或封閉的社會，自我認同的發展對有些人而言多少會有限制或干擾。然而，Erikson 認為以社會文化無法完全解釋個體在共同文化發展的變異性，社會文化事實上無法完全塑造自我的發展或自我認同的形成。Erikson 以 Martin Luther 對宗教發展影響為例子，看到一個生命個體如何跳脫社會的期待與規範，尋求自己在社會的定位，進而帶來社會的轉變與發展。這樣的例子也一樣的展現在 Grandi 身上，他不受社會同化，相反的帶出社會新的轉變。

　　另一方面，有些學者對自我認同的理解，強調個體內在的改變歷程，相關的學者例如：L. Kohlberg、Robert Kegan、Jane Leovinger、Robert Selman 等學者，他們強調隨著個人的發展是有階段與結構性的發展，而且也是質的轉變。在不同發展歷程中個人不斷重新建構對個人經驗的理解，從不同經驗的理解中重新賦予生活不同的意義。透過這樣的歷程讓自己的生活與生命更加多樣與豐富。因此發展不只是經驗累積的總合，更重要的是經驗的重新建構與新的意義的創造。以 Kegan 為例，他認為自我認同是一個意義創造的過程 (identity as meaning-making)，藉由自我與他人分化 (self-other differentiation) 的歷程或達到自我與他人的平衡 (balance between self and others) 來重新瞭解自我。Kegan 認為一個人可能活在 (being) 一種關係中或是說「埋」在一種關係中，他一直無法跳脫這種關係，或是一直讓這些關係決定他可能的發展。直到他能從我是「在」(being) 關係中跳到我「有」(having) 一種關係。換言之，這樣的關係不等於我，我可

以「有」這種關係也可以選擇「不要有」這種關係。因為他們對這種關係的理解已從「是我」(that which is me) 到可能「不是我」(that which is not me)。這時候他對自我與他人的關係已建構出不同的意義，人我關係已從主體 (subject) 進入客體 (object)，他有機會重新看待自己，不因著別人或關係來決定自己的定位。這時候就像 Kegan 提到的青少年的轉變就像 "there has often been a developmental shift that enable a youth to reflect on and consider others'opinions but not be subject to them —— to have rather than be embedded in their relationships with others"。從 Kohlberg 觀點來看青少年的自我認同，Kohlberg 的發展架構認為個人從早期的自我中心的思考，進入團體及社會規範的自我定位，進而跳出社會規範為基礎，逐漸以原則取向思考來理解人的問題。因此自我的發展除了從社會架構來思考自己的定位外，更重要的是，要跳出個人所處社會文化的偏好與限制，建立普遍的原則 (universal principle) 來理解人與社會的問題。其實以結構發展理論來看自我認同的相關學者，他們強調青少年的自我認同是一個很重要的質的轉變。青少年能從不同層次或面向來看自己，同時對他人的理解也更多樣與寬廣，因此重新建立一個自我與他人平衡且恰當的關係。

　　如果心理輔導的目的不只是處理人的問題或困境，同時積極幫助一個人成長或有更好的發展。自我認同應該就是一個很重要的主題，特別是對青少年而言。有許多青少年的問題，可能被認為是情緒問題或行為偏差問題，然而其實它是個自我認同的問題。就像當一個青少年無法面對自己身體意向的轉變，他可能以情緒或行為來

表現這種無法自我接納的感受。甚至有時候，青少年對他人的理解已逐漸轉變，特別是一些權威，例如：父母或師長。然而，這些權威的代表者，無法理解他們在尋求一種新的平衡關係，而將他們視為違逆權威或找麻煩，因而讓一個發展的重要議題成為複雜的情緒或行為偏差問題。當然自我認同不只在青少年時期，成人時期的親密關係或新的家庭與親子關係常跟自我認同的重新建構有很大的關聯。事實上，親密關係常帶來自我形象與自我理解的挑戰與調整，自我可能得不斷重新理解與建構。一樣的，在一個新的親子關係中，自我可能面對不同的衝擊，從父親或母親形象的維持，及權威、照顧者、管教者的多元角色，讓一個人得重新理解自己在社會的定位及自我的可能性。因此自我認同是一個人生命中不斷要面對的問題，同時也是心理輔導中重要的議題。

建議閱讀相關參考資料：

1. Corey, G. (2000). *Theory and Practice of Counseling and Psychotherapy* (6th ed.). New York: Brooks/Cole Publishing Company.

2. Corsini, R. J., & Wedding, D. (1995). *Current Psychotherapies* (5th ed.). Itasca, IL: E. E. Peacock.

3. Klein, D. (1976). *Psychoanalytic Theory: An Explanation of Essentials*. New York: International Universities Press.

4. Erikson, E. H. (1963). *Childhood and Society* (2nd ed.). New York: Norton.

5. Erikson, E. H. (1982). *The Life Cycle Completed*. New York: Norton.

6. Adler, A. (1958). *What Life Should Mean to You*. New York: Capricorn.

7. Winnicott, D. (1965). *The Maturational Processes and the Facilitating Environment*. New York: International Universities Press.

8. Cashdan, S. (1999). *The Witch Must Die: The Hidden Meaning of Fair Tales*. New York: Basic Books.

9. Bettelheim, B. (1977). *The Uses of Enchantment: The Meaning and Importance of Fairy Tales*. New York: Vintage Books.

10. Chinen, A. B. (1993). *Once Upon a Midlife: Classic Stories and Mythic Tales to Illuminate the Middle Years*. New York: Tarcher/Putnam.

第七章
人本學派取向的輔導觀點

第一節　基本概念及源起

在人本學派中，Carl Rogers (1902–1987) 與 Abraham Maslow 都是重要的代表人物，他們主要強調人的自發與自主的成長力量，而對人的尊重與接納是幫助個體成長的來源。他們認為人有成長的力量這是生命自然的傾向。就像一顆植物的種子只要有足夠的陽光、水分、及空氣它會自己發芽成長，然而，外在的環境的介入，很容易干擾這些生命的自然成長或限制生命發展的可能，而影響它的發展。事實上，這些人本相關概念，並非來自於學者們的想像與理想化的期待。例如 Rogers 與 Maslow 都曾經對自然的生命現象長期研究與探索，他們從與不同生命個體互動的長期經驗中，建構出的人本思想的理論架構。就以 Maslow 為例，他在威斯康辛大學求學的學術訓練中，對動物行為的研究與觀察有相當多的涉獵，其博士論文更以猴子的行為反應及其內在動機為其探討主題。其後仍對靈長類的動物行為及其動機有些涉獵，而其後來所建構的動機層級理論，應該跟其早期對動物的研究有很大的關聯。

另一方面，同樣就讀於威斯康辛大學的 Rogers，在求學時期就對研究大自

圖 7–1　美國人本學派心理學家 Carl Rogers，他堅信人們心中永遠存在著正向的發展傾向。

然生命產生濃厚的興趣。他曾經在大學時期以農學院領域為其主修專長，同時有志於投入植物方面的研究。雖然他後來轉向神學的訓練，最後進入臨床心理學的專業研究，畢業後並投入長期的臨床實務工作，然而這些與不同物種生命的接觸與累積的經驗，應該是其後來理論形成的重要基礎。Rogers 從其 12 年的兒童臨床的經驗中，逐漸發展其非指導性的治療階段，主要強調對個案的瞭解與溝通，而非以專業直接引導或介入個案問題的方式處理。最後更進一步以案主及個人中心的治療取向 (person-centered therapy)，著重在個體本身而不是治療的技巧，他同時也提出治療中關係的重要，並將這些理念實踐在婚姻諮商及團體諮商中。雖然 Rogers 的理論與心理分析學派有很大的差異，但是在其理念架構形成中，心理分析學者 Otto Rank 強調治療的目的應該是讓個案接受其生命的獨特性及對生命的責任，對 Rogers 的理論發展有不少影響。其實在 Adler 理論中同樣強調個人的整體性及個人的創造性與責任，都與 Rogers 的理論互相呼應。

強調自我發展或自我實現的另一個重要學者是 Maslow，他的理論主要是建立在一般人的發展動機與需求層級，Maslow 認為人的終極發展是朝向自我的實現與超越、展現生命的創造及獨特的高峰經驗。Maslow 相信人的發展需求不應只是在追求基本需求的滿足，更重要在存在的需求的追求上，就像知識的探索、美感的創造及自我實現的實踐。整體而言，這些理念架構以強調人的自發及內在的成長動力為基礎，基本上都是屬於人本學派的一環。

◎ 第二節　對人的觀點及對發展的期待

　　每個生命個體雖然都有其發展的獨特性，然而在成長的歷程中，個體逐漸體認到自己需要從他人得到正向的關懷，這種正向關懷包括：生理滿足、心理的關愛、或他人的喜愛或評價。在尋求正向關懷的滿足需求下，我們從別人的期待與對自己的態度中，逐漸形成自我的價值感或自我的評價系統。由於這些自我評價的形成來自他人有條件的期待，這些期待背後常隱藏著不同價值信念，往往限制個體發展的可能。甚至為了得到他人的關愛，在與他人長期互動中可能過度迎合他人，因而否定了自己真正的感受，加上長期自我否定的互動經驗，不只造成自我內在的衝突，同時也使我們逐漸抹煞或扭曲自我對真實經驗的覺察，更讓我們逐漸迷失自我，遠離自我本來的面貌，以別人的期待或理想，取代個體真實自我的面向。

　　因此，Rogers 認為讓生命個體完全發展成為 "fully functioning person"，是在一種真誠一致性、接納及真正被瞭解的關係中。在這種關係中，每個人才能不只滿足正向關懷同時對自己有正向的評價，不需扭曲或否定自己的經驗。這樣的人才能開放的、有創造性及有責任的面對外在世界。他不需太多自我防衛，能開放面對新的經驗，而且能有創造性的面對事物，瞭解自己的社會責任。當我們能真誠一致的面對與他人的關係，也能同理的與別人溝通及真正瞭解自己及別人的需要，才是真正完全自我的展現。

◎ 第三節　對人心理問題形成的解讀

　　人本來是自發的成長，而且能逐漸朝向自我實現的目標，由於

人的成長過程不斷受外在世界的影響與干擾，自我成長的力量因而受限制或逐漸迷失；另一方面，個體在成長歷程中，為了尋求正向關懷的滿足，而不斷嘗試迎合他人的期待，或努力贏得別人的讚許，自我成長的力量逐漸地被扭曲。當個人理想的自我意象與現實中被塑造的我形成很大的落差，而產生內在矛盾或不一致的衝突與緊張，便會引發許多心理問題。換言之，也就是指長久以來個人在疊積的成長經驗中所形成的信念或法則，與個人真實自我面向有些落差；就像一個人戴著面具而無法完全展現自己真實的面貌。舉例而言，一個人可能對文學或藝術創作有很高的興趣，也有很好的能力，但如果從家庭或社會方面，灌輸他很大的期待與價值信念，認為要當律師或法官才是有成就或成功的表現，也許他順從他人期待選擇進入法學院，然而他可能會經常體會到內在的矛盾與落差，因為這樣的選擇與他本來自我的期待有很大的差距。一樣的，對一些孩童在學習繪畫的過程中，他可能會很高興地畫自己想畫的東西，很自由的表現自己的感受，但如果父母或老師認為畫的不好看或畫不像，試圖以他們自以為是的方式，來教導小孩要如何畫才是「好畫」，這樣的方式可能扭曲孩童本來對畫畫的興趣或目的，而努力學習畫出大人喜歡的畫。這時候個人內在的創作力量可能完全被抹煞，而逐漸讓這些小孩失去對繪畫的興趣。

因此，從人本治療學派來看人的問題，主要是自我的扭曲，而讓自我成長的力量消逝。如何讓自己重新尋回真正的我，讓自我能自由的展現真實的面貌，心理的問題就不會出現。然而讓自我能充分的發展，需要提供一個接納、信任的關係與情境。個體有機會在這種接納及關懷而且不夾雜一些期待的情境中，重新檢視及探索個人真實的面貌。從這過程中才能讓個體的發展能充分的自我展現，最終能邁向自我實現的理想與目標。

◎ 第四節　對問題處理的態度與方式

　　從人本學派的治療觀點，他們相信提供接納關懷與溫暖的治療情境，是協助個體改變或成長很重要的基礎。他們認為心理輔導不是以問題解決為主要目的，每個人有能力解決自己的問題；心理問題的出現只是一種表面的症狀，它反映出個體無法充分發展。他們認為心理輔導不是去分析或探索個人的內在世界，或對個案潛意識層面的發掘，因此輔導的技巧並不重要。輔導者也不要以專家角色自居，試圖來開導或改變個案。人本學派強調治療關係的重要，好的治療關係是引起個案改變重要來源，同時也是促使個案轉變的主要力量。

　　Rogers 認為好的治療關係來自於輔導者的真誠與一致的態度，同時也能提供正向無條件關懷與接納及真正同理與瞭解個案。真誠與一致的態度讓個案體會被尊重與信任，在這種關係中，讓自己覺得自己是有價值的。無條件的正向關懷與接納讓個案能自由的、真實的展現自己，不用擔心別人的期待或要求，所以能真正經歷到被完全無條件的接納。同理與瞭解是讓個案內在深層的感受，能被治療者真正瞭解，同時治療者也能深刻的體會他內在真正的感受。這些條件是促進個案改變或成長的重要因素，在這種環境下，能讓個案從扭曲的自我，重新尋回自己真正的面像，讓一個個體充分發展與自我實現。

　　事實上，人本治療學派強調關係本身是很重要的力量，能促使一個人真正改變。在一個真誠接納的環境中，可以讓一個人重新覺察或探索自己內在真實的面貌，同時也能充分展現他真正的自我。這是治療最終要達到的目標。然而有些人試圖以關係的建立為手段，

當建立起合適的關係後，再逐漸的將治療者的目標或期待加在個案身上。從 Rogers 的觀點來看，若關係的建立只是一個手段，基本上就與他強調的真誠一致的接納有很大的違背，因為這時候治療者不只是暫時偽裝自己，同時其背後是有條件的關懷與接納，因此可能會對個案造成另一種自我的扭曲或關係的傷害。這也是 Rogers 一直強調的，治療的關係本身是幫助一個人改變的主要因素，它不應成為治療的手段或階段性的目標。

對本治療學派在心理輔導的使用與建議

人本治療學派對於臺灣長久的文化傳承，例如：強調社會化、愛面子應該有些提醒，因為這個學派強調對生命真正的尊重與信任。不管是 Rogers 或 Maslow，他們對於生命共同的態度，皆源自於長期對不同生命的探索與瞭解，因而產生對生命現象的深刻體認，並建構出個人的理論架構。臺灣長期以來在教育方面也相當強調人本學派的精神，當一個人嘗試堅持自己的主權或自由的空間的同時，可能會將他人的建議或反應視為是一種干擾個人的自主性，甚至可能對權威產生一些抗拒或敵意。逐漸地，人本的精神偏向於反權威、反體制或傳統的訴求。

人本的精神應該回歸對生命基本的尊重與生命現象的接納，然而生命常得面對不可避免的期待或限制。人的真實自我的發展，主要的目的不是來自去除外在環境的限制或干擾。自由自在的環境不一定能讓一個人尋求真正的自我，有時反而可能陷入自我的放縱與自以為是的世界。無條件的關懷與接納主要是提供一個真實對待的關係，而不是一種不受限制的自由。人在真實對待的關係中成長，也在真誠關係中找到真正的自我。然而真誠不應該帶著特別的要求或期待，而是對生命個體完全的接納與尊重。

問題討論與思考方向

一、你相信人有成長及自我改變的力量嗎？還是人很容易墮落，也
　　需要他人引導，否則他無法改變或成長？

二、如果你相信人有自我成長的力量，那你覺得人為何有惡的一面？
　　人的貪婪、忌妒、怨恨、自私、懶惰等為何會出現？他是否與
　　人本學派強調人性本善的一面有些矛盾？如果你認為善惡本來
　　就可能共存，那它們之間的關係為何？

三、當人追求自我實踐與自我理想時，是否可能陷入自我中心，或
　　自私的困境？自我實現是否是太自私，或只考慮自己的需要與
　　滿足而忽略他人的期待或社會的角色？

四、人本的思想是否只是西方文化的產物，這些概念是否適合強調
　　集體主義的東方文化或華人文化？或是你認為人本的精神是人
　　成長歷程中共同的需要，不受文化的影響，因為每個人都需要
　　別人的尊重與接納？

五、青少年曾經流行一句話：「只要我喜歡有什麼不可以」，或是在
　　廣告中有句話 "just do it" 你覺得人本的基本精神和這些口號有
　　何不同？

觀念補給站

權威的來源與心理輔導㈠

　　權威的來源是一個很重要也值得思考的問題，特別是擔任青少年輔導工作者。因為進入青少年時期，孩子們經歷認知思考的成熟與對他人的理解的改變，這些轉變往往帶給他們對權威有不同的認識，同時對權威也產生更多的質疑。當父母或師長面對這些質疑時，常聽到對青少年的回答是，「這是為了你好」，或是「有一天你會感謝我」。也許這答案有時候可能是對的，因為有些青少年很容易陷入活在「現在」的思考，看不到未來的可能，因而無法堅持一些理想或目標，或是只貪圖一時的舒適或喜歡，不斷追求立即的滿足或快感，而迷戀在電玩或小說，甚至陶醉於色情與暴力的刺激中，因而干擾自我的學習與成長。這時候父母以「為你好」來引導青少年可能是恰當的。然而所謂「為你好」這樣的答案有時候可能是不恰當的或過度使用權威，因為對有些青少年而言，他們關心的並非在於讀不讀書，而是什麼時候讀書，讀多久的書。青少年可能也認為讀書很重要，然而他期待 80 分的表現，而父母卻期待 90 分以上的成就。因此這樣的認知落差，應該是屬於父母或師長個人的偏好，並非是與其所主張的是「為你好」之理由完全符合。以「為你好」為訴求基本上認為，另一方可能是能力有限或無知，或是我應該比他們更瞭解這個社會或擁有更多知識，出於為了對方著想因而以個人善意介入他人世界。知識在這裡成為權威的主要的來源。知識的擁有的確可成為權威的來源，然而我們如何確定，我們的知識是有意

義且恰當的，這是值得思考的問題。

　　另一方面，有時青少年期待建立好的同儕關係，因而花許多時間與同儕相處，甚至可能嘗試發展與異性的可能關係，因而努力討好異性的喜歡，陶醉在這些人際之中。而父母卻以他的權威認為，這些關係對未來而言並不重要或以會影響他們的課業為由來否定他們的需求。當然這時候父母或師長的觀點，可能以他們本身的經驗為基礎來思考這些問題，認為他們有足夠的經驗來幫助這些沒有經驗的子女或學生，這時候「經驗」似乎成為權威的重要來源。有時候經驗的確可以成為權威的來源，因為它可能是生命長期累積的智慧。常聽說「吃過的鹽比別人吃過的米還多」或「走過的橋比別人走過的路還多」來確定自己擁有更多的權威。然而並非所有的經驗都是有意義且對我們是有幫助的。例如，有人可能因為過去人際的傷害，而對人一直無法信任，因為他所受的傷害引起他與他人接觸的恐懼，或許有人因為成長在破碎的家庭，因此對家庭的建立有相當負面的評價。因為他的經驗告訴他，家庭常對一個人造成很大的傷害。這些經驗的確也是一個真實的經驗，然而人常活在有限的環境或社會脈絡中，所以他的經驗也許是有限的或是特殊的，可能無法成為他人的借鏡，因為別人可能活在不同社會情境或文化脈絡，這樣的個別差異往往讓經驗無法直接運用在他人身上。再加上目前社會的不斷改變與發展，有些經驗可能因著時間而失去了意義或已改變它本來的意義。例如，許多飲食及生活習慣的改變常伴隨我們對「健康」有不同的認識。就像是否要餵母奶，在一、二十年前，大部分的父母認為牛奶才是營養、對小孩好，然而伴隨我們對母奶

的認識，現在的父母常嘗試餵母奶來幫助小孩成長。這些知識與社會潮流的轉變，常使得有些經驗失去其意義。很可能過去的原則已不再適用於現在的情境。當然不是所有的經驗都會隨著時代與社會情境改變，有些經驗是人的共同性經驗，它可以成為人與人相處的基礎，也可以成為他人的借鏡與幫助。然而重要的是，如何適當的處理或過濾自己的經驗，讓自己的經驗成為權威的來源，這是值得進一步深入思考的問題。特別是當我們面對不同生命個體之間，他們往往存在許多個別差異。若以不恰當的經驗為基礎來幫助別人，可能因而造成對別人的傷害或負面的影響。

除了知識與經驗外，權威可能也來自社會特別的賦予，儘管在民主的社會中，不是每個人都有一樣的權威，例如，警察可以開罰單甚至擁有槍械，教師可規範學生行為進而懲罰學生，法官可以判決人是否有罪或罪的刑期，政府首長可以決定社會資源的分配與使用。基本上，在社會上人們常擁有不同的權威。可能我們會問為何有些人擁有那些權威？主要的考量是為了維持社會的運作與社會的次序，社會需要不同角色來協助它運作，因此社會給予人們不同的地位與角色，同時也賦予這些人有一定的權威，例如：警察、老師、司法人員。

圖 7-2　老師，是我們所遇到的權威角色之一，其權威的來源，必須經過一定的程序來取得，例如：教師考試。

人們需要透過相關程序取得該角色或資格，在這樣的角色中他們就擁有一定的權威。因為這些角色之所以被賦予權威，或是這些

權威程序的取得，除了是因社會運作的需要，更重要的是因為我們相信這些人應該擁有一些特殊的知識、經驗或相關能力特質。事實上，這些權威的取得還是基於知識與經驗。當然這裡的知識與經驗可能與具體形式的學歷或相關資格有關。司法人員藉由大學法律相關科系的基礎訓練，透過檢定考試或資格認定取得該權威，一樣的，教師、警政人員也是透過大學基礎訓練及資格認定取得該有的權威。權威的擁有源自於知識與經驗，但實質的權威來自相關法令或社會規範。然而這些權威雖然源自於相關規範，但同時也受相關規範所約束或限制，因此若執行者超出規範所賦予的權威，可能成為權威的濫用。除了社會規範賦予社會某些角色特殊權威外，文化習俗也常賦予社會中不同角色特殊權威，例如：父母、年長者、配偶的父母、神職人員、社會團體的領導者。然而這些權威可能有較大的變異，可能受次級文化或關係及資源的多寡有很大的不同。

　　整體而言，我們可以瞭解權威的擁有常得透過一定的程序取得。經驗、知識、或社會角色等都可能成為權威的來源。然而權威的執行者是否建立在這些基礎來判斷，或只是因著個人偏好或興趣來決定事情，是值得我們思考的問題，特別是從事青少年輔導工作者。過度使用權威或濫用權威常使權威本身失去被尊重與接受的可能性，如何藉由具體行動真正展現權威存在的意義與目的，是輔導者需要努力的方向。也許有些目的或意義在當下無法真正被青少年接受，但是他們終究會有機會瞭解。特別是我個人這幾年在大學的教學與心理輔導的過程中發現，有很多人到了大學後，重新回想過去在中小學的學習過程中老師對自己的影響，他們可以瞭解誰是真正

的好老師，也可以逐漸瞭解老師的作為。所以每次我有機會到中小學與老師分享時，常告訴他們，你們的付出與擺上會一直留在每個生命中。也許當時他們不瞭解，但有一天終究會被發現。

建議閱讀相關參考資料：

1. Rogers, C. (1980). *A Way of Being*. Boston: Houghton Mifflin.

2. Rogers, C. (1961). *On Becoming a Person*. Boston: Houghton Mifflin.

3. Maslow, A. (1968). *Toward a Psychology of Being*. New York: Van Nostrand.

4. Hoffman, E. (1999). *The Right be Human*. New York: McGraw-Hill, Inc.

5. Buber, M. (1971). *I and Thou*. New York: Free Press.

6. Frankl, V. (1963). *Man's Search for Meaning*. Boston: Beacom.

7. Frankl, V. (1969). *Will to Meaning*. New York: World Publishing.

8. Yalom, I. D. (1980). *Existential Psychotherapy*. New York: Basic Books.

9. May, R. (1961). *Existential Psychology*. New York: Random House.

10. Csikszentmihalyi, M. (1975). *Beyond Boredom and Anxiety*. San Francisco: Jossey-Bass.

行為及認知取向的輔導觀點

第一節　基本概念及源起

　　行為治療學派與其他治療學派最大的差異在於其主要的前提與假設是來自於實驗心理學的觀點。他們強調以科學的方法來瞭解人的行為及改變人的行為。行為治療學派早期以動物的研究為基礎，例如：Ivan Petrovich Pavlov 等，John Watson 將這些研究放在人類行為研究方面，B. F. Skinner (1904–1990) 更進一步系列探討外在環境如何影響及塑造人的行為。他提出的操作的條件 (operant conditioning) 或工具的條件 (instrumental conditioning) 來瞭解行為的形成，強調行為出現或持續背後的功能與目的。Albert Bandura 也從社會學習 (social learning) 的觀點來看如何藉由觀察或仿效的歷程而習得行為。事實上 Bandura 將行為的習得，更進一步從心理的歷程來思考，強調個人的因素，例如記憶、信念、偏好或對行為的預期等，對行為的習得、出現或消弱的影響。這些概念的發展與後來的認知治療學派有很大的關聯。

　　認知治療學派強調個人認知思考對行為的影響。就如同 Albert Ellis 的理性情緒行為治療，他認為人們對事件的情緒或行為反應主要來自於個人的信念，對事件的看法或理解決定了我們的行為反應，而非事件本身影響我們的情緒或行為。所以信念是決定行為主要的來源。

　　從早期 Pavlov 所著重的反射行為 (reflex behavior) 到 Skinner

強調維持行為功能的工具行為，進而到強調個人的評價對行為影響
的 Bandura 社會學習觀點，或從認知治療的個人信念來瞭解行為。
基本上反映出對人類行為不同面向的觀察，也從其發展的脈絡發現，
對行為形成的看法逐漸從外在環境因素進入個人內在心理歷程的探
討。

第二節　對人的觀點及對發展的期待

　　早期行為學派比較強調外在環境對人的塑造，基本上他們認為，
人像一張白紙，好的學習留下好的習慣或特質，錯誤的學習引起許
多不適當的行為與特質。因此他們重視如何藉由好的環境控制，增
加正向行為的形成與維持，同時減少或去除負向行為的產生或延續。
好的控制環境來自提供適當的增強物 (reinforcement)，以增加合適
行為的出現與延續，剝奪正向增強物或給予負向的反應，以減少不
適當行為的產生。一方面能將所習得行為的類化 (generalization) 至
類似情境，同時也能區辨 (discrimination) 不同而有不同反應，最後
達到行為的塑造 (shaping)，也就將原來的行為逐漸改變成我們預期
的行為。這是早期行為治療所用來改變行為的基本原則。

　　逐漸的，對行為的改變，不再以直接的增強或消弱行為為主要
方式。強調以觀察學習或模仿為行為改變的基礎。對於行為的學習
著重在認知的歷程，主要認知歷程就如 Bandura 所提有四個基本程
序：注意 (attention)、維持 (retention)、行為的展現 (reproduction)、
動機 (motivation)。

　　注意是學習的第一步，因此好的模仿是能引起注意與興趣，同
時藉由不斷的行為出現以維持對該行為的記憶。最後能將該行為從
練習與嘗試扮演的學習中習得該行為。然而習得的行為能否出現則

來自於自我內在動機，內在動機部分來自於觀察別人做出該行為的結果，另一方面來自自我對該行為的態度。

認知行為治療學派的立場著重在個人信念對行為的影響，就如同 Ellis 的理性情緒行為治療，他所提的 A–B–C Model 的概念中，A (activating event) 為引發事件，C (emotional and behavioral consequence) 即為行為或情緒的反應，我們經常會歸因於某事件引起我們行為或情緒反應。但從 Ellis 的 A–B–C Model 的觀點來看，真正引起我們行為或情緒反應，並非該事件，而是個人的信念系統 B (belief system) 所造成。所以真正要引起行為改變的是個人信念，而非行為本身。

Ellis 認為人天生的傾向是理性的，同時也可能是非理性。人有自我成長、快樂、關愛、與他人交流的傾向，但同時有自我毀滅、逃避思考、不斷犯錯、完美主義、自責、逃避自我實現的傾向。Ellis 認為人是易墮落的，我們要接受自己可能犯的錯，同時知道如何面對這些生命的有限性。理性的信念可以讓我們不至於陷入不當的情緒或行為反應。就像我們可以因為考試考好而高興或因考不好而難過，這都是理性的信念，但如果因考不好而陷入不斷自責或悔恨，認為我一定要達到好的成績，個人才會有價值感，或別人才會接受或喜歡我，這就是非理性的信念。建立理性的信念來面對外在世界，減少或去除非理性的想法或信念，才能讓生命個體更健康合適的發展。

第三節　對人心理問題形成的解讀

如果從行為治療的觀點來看人心理問題的形成，主要是來自於不當的學習。因此如何增加適當行為，減弱或去除不當行為是解決

心理問題很重要的基礎。任何不當行為的持續都可能有其存在的功能，或獲得預期的增強物。例如：一個在班上吵鬧的小孩雖然可能面對被懲罰的處境，但他獲得教師或同學對他的注意，那可能對他是一種很重要的增強物。因此當孩童出現不恰當行為時，應先選定某行為 (target behavior) 分析該行為出現的情境、時空、及相關的人事物，還有行為出現之前或之後的相關事件，以瞭解該行為存在的可能功能，及獲得的增強物，減少這些預期的結果，才能真正削弱或改變行為的出現。就像一個在班上吵鬧的小孩，如果我們能更清楚確定在那些課較易出現吵鬧行為，或那些課出現的頻率較高，及該行為出現的可能情境及出現該行為之後他人的反應與態度，甚至其他外在因素，例如：早上、中午或下午、一個禮拜的那一天等。這些可能的因素都可幫助我們對該行為有更多的瞭解。基本上，行為治療學派是以科學嚴謹的態度來處理行為的改變，因此精確掌握行為出現的情境，是很重要的原則。

認知行為治療學派則強調人的非理性信念對人行為的影響。不適當行為或情緒的反應，並非環境的塑造或錯誤的學習造成，主要是個人的非理性信念帶來了這些問題。如果我們能維持以理性的信念來思考，將使我們不至於產生憂鬱、敵意、自憐等心理的問題。非理性的信念常出現於將自己的需求或偏好，轉成一種教條而強調絕對性、應該、必須、一定的要求或期待。就像是「我一定要讓我生命中重要他人喜歡我或獲得他們的讚許」、「我必須很完美的完成每件重要的事」、「我應該得到我要的，否則我無法忍受，而且這將是很糟糕的」，這些強調絕對性的要求，常帶給我們不必要的困擾。Ellis 認為我們可能常要別人的愛或接納，但這可能不是我們能預期的，因為人本來就有許多不確定性，也可能常會疏忽或陷入自己的有限性。

◎ 第四節　對問題處理的態度與方式

　　行為治療學派主要還是以精確的環境控制為目標。藉由練習或嘗試減少負向行為的出現，常用的方式如：放鬆訓練，當面臨壓力事件或個人出現焦慮、害怕等相關負向情緒時，藉由肌肉放鬆法、冥想或由生理回饋來覺察自己的生理現象，並學習放鬆等不同方法來逐漸減少不當的行為反應。敏感遞減法是常用來減少焦慮或害怕的方式，被治療者先學習自我放鬆，然後分析其焦慮或害怕的層級，從最低焦慮或害怕的階段逐漸學習放鬆，最後當面臨最高層級的焦慮或害怕時也能達到自我的放鬆。

　　另一種常見的方式是藉由學習新的行為或發展正向的處理方式或技巧。常見的方式如：仿效(modeling)，藉由觀察學習或模仿能慢慢發展或學習達到預期的行為。提供合適的模仿對象或合適的新行為，例如：社交技巧的學習、面對壓力的方式，以提供個案學習新行為。還有另一常見的方式是自我肯定訓練(assertion training)，主要是建立正向

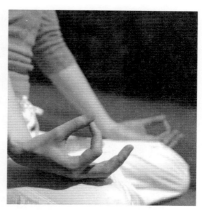

圖 8-1　行為治療學派透過學習「放鬆」，來減少被治療者負面情緒及行為的發生。

的行為模式，例如：讓小孩學習如何交朋友，青少年面對異性或同儕的行為模式，成人能適合的方式與他人互動。因為如果缺少合適的人際互動技巧，常可能帶給我們很多不必要的困擾。所以藉自我肯定訓練可學習情緒表達、勇敢的說「不」、能勇於表達自己的想法及感受等。當然這些方式有偏重行為技巧的學習，有部分較偏重認

知的改變。在行為技巧的學習方面，並非完全模仿他人的行為，還是得考慮個別風格，學習在不同情境嘗試練習新的行為模式。最後能建立一套自己的行為模式，來重新面對與他人的互動。

　　認知行為治療學派則以個人信念為主要的處理焦點，Ellis 強調改變非理性的信念是很重要的治療目標。從 Ellis 的 A–B–C model 進一步的目標為 "D" 與 "E"，"D" 包含的是三個 "D"：注意 (detecting)、辯論 (debating)、區辨 (discriminating) 三方面。注意是指對自己非理性信念所帶出情緒的覺察，辯論強調對該非理性信念的討論與思辨，最後能清楚區辨非理性與理性信念的差異。"E" 的部分則強調藉由重新評估 (evaluation) 自我的信念所產生新的 "F"(feeling) 情緒與感受，而達到治療的目標。因此整個過程是理性的思辨為基礎，他們不重視輔導者與個案的關係，對信念的質疑、對質或檢視是輔導過程的核心，也被認為是引發個體改變的來源。

對本治療學派在心理輔導的使用與建議

　　行為學派容易被質疑的是「為什麼我們有權力來塑造別人的行為?」其實人很多問題是出在沒發展出恰當的行為，就像柯永河教授說的「建立好習慣」，而且能「減少壞習慣」。就比如一個習慣熬夜的人，可能白天工作或讀書時精神就不好，由於效率不好因而常得熬夜加班或挑燈夜讀，因而不斷造成一些惡性循環，其實如果他能有好的睡眠習慣，他的工作效率問題就可以解決。當一個人能培養更多好習慣，他可能就會增加許多發展的契機。就像有人每天習慣閱讀，常給自己一點時間安靜自省，這樣的習慣可能帶給他許多成長的力量。筆者在求學的歷程，看到有些同學習慣課前預習，往往他讀書的時間沒有比別人多，但學習效率常比別人高。因此行為的塑造其實是要減少人的不恰當行為，增加人更多合適行為的發展。

行為學派常被用於兒童行為的塑造及特殊行為的改變，從兒童的行為分析與透過適當獎懲的使用，往往可以達到很好的成效。行為的分析可以對於兒童行為出現的前因後果及發生的情境有更多的掌握。對於行為可能出現的前置條件的掌握，可以提早制止行為的出現頻率，也更能精確掌握兒童問題發生的可能。例如：對常與同儕衝突的學童，對於引起衝突的對象、情境及時間若均能完整掌握其歷程與脈絡，當不當行為能被適時的處理，除了可以減少因衝突的結果而造成更多的問題外，同時也提供個案未來對該問題的因應方式，以減少不必要的衝突。

對於認知治療學派主要是以個人認知及信念為處理問題的基礎，如：Ellis 特別強調非理性的信念。以理性思辨為治療的取向，往往可以很快幫助個案有明顯轉變，特別是對認知思考能力較強的人，可以藉由邏輯理性思辨中瞭解問題所在。然而對於認知能力較有限的人，在適用上可能有其困境。或是對於情緒波動較大，或是長期有情緒困擾的人，在使用認知學派時可能效果較受限制。

 問題討論與思考方向

一、我們常期待自己建立更多好習慣減少不好的習慣，你能否有效建立一些好習慣？你如何適當使用增強物 (reinforcement) 來強化好的行為，同時減弱不當行為？特別對於青少年階段的學生，那一類的增強物對於他們的行為塑造較合適？

二、認知行為學派的學者認為，行為問題的處理要進一步以認知思考模式為主要處理方向，從 Ellis 的觀點來看，非理性的信念常是我們負向情緒及心理問題的來源，你覺得什麼是非理性的想法？它是否可能會經由對話或爭辯而改變？

三、回想一下你最近出現的負向情緒，例如：生氣、沮喪、不滿等。想想這些情緒在怎樣的情境最常出現？當你面對這些情境或事件時，你覺得為何會有這些情緒反應？其實從 Ellis 的角度來看，這些反應常常因個人背後信念所造成，特別是非理性信念，檢查一下這些反應背後的信念是什麼？是否有些是非理性的信念？

四、Ellis 認為認知影響情緒反應，從另一方面來看，情緒往往也影響認知思考，就像發生同樣的事，我們對於不喜歡的人與喜歡的人常有不同的解讀，好比如果有人撞我們一下，正好那人是我們喜歡的人，我們會覺得他一定不是故意的，如果是我們不喜歡的，我們可能會認為他一定是惡意的，你覺得認知會影響情緒，還是大部分是情緒影響認知？

權威的來源與心理輔導㈡

　　擁有權威是一回事，但是否大家會尊重或服從該權威又是另一回事，特別是對青少年而言。合法或正當的權威可能讓人畏懼，但卻無法直接贏得他人的尊重與接受，因為權威本身可能需要接受一定的檢驗，來確定它是有意義且是可以被接受的。特別是在青少年時期，對權威的檢視更是一個很重要的主題，因為在早期的發展中，對權威可能被過度的美化或帶著許多的理想。然而到了青少年時期，他們逐漸的體認到，擁有權威者也是一個人，他們是有限的也可能會犯錯或自以為是，因此認為權威不一定就是對的或應該被接受。這種轉變常使青少年更深刻體認，權威應該被適當的檢視才能被接受。因此，權威本身需要藉由實際的行動展現其專業的知識與素養，而且能依照規範所賦予的權力來執行其該有的權威，這樣才能讓別人真正的接受與信服。若權威本身無法瞭解這種認知上的差異，而只是不斷強調自己的合法性，無形中可能更傷害青少年對權威信任的可能，因此對於青少年的輔導者，要先贏得他們對個人權威的尊重與接受。若教師或輔導者只會一直以直接的獎懲或以分數的控制來展現自己的權力，可能短時間有其效果，但終究還是無法建立對權威的信任與尊重。

　　另一方面，若權威常過度的使用，或常任意或不當的執行自己的權力，這種權威的濫用往往讓別人對權威更加不信任與不尊重。有些青少年對權威一直無法信任或尊重，除了可能反映出在發展中

他們對權威檢視的期待外，也可能是在成長的歷程中，長期經歷了父母或師長對權威的濫用，因而無法真正相信權威。事實上，雖然個體在早期發展中對權威的認識較有限，但不表示他們完全是無知的，面對父母的獎懲標準不一致，對事務的態度沒有一定的原則，或喜歡任意改變原則，甚至權威本身所說的與所作的相違背。若這樣的方式不斷的呈現在家庭或學校的管教中，逐漸的可能影響個人對權威的不信任。因為這種長期不可預期的人際互動，無法在權威與個人之間建立真正的信任與溝通的基礎。因此無法發展出尊重與接納的關係。

　　若在管教中常出現所謂不合理的要求或不當的期待，也可能傷害對權威的態度。所謂不合理的要求與期待，對一個人發展的影響，可以從心理學研究的發現來進一步思考。心理學的研究發現，雖然兒童對權威的認識有限，但如果要求小孩違背一些道德原則，例如：「傷害別人」或「說謊」，他們可以清楚的確定這是錯的行為。在加州大學柏克萊分校有名的心理學家 Turiel 等人，二十多年來長期研究的結果顯示，就連三歲的小孩都可清楚的確認一些道德原則，例如：偷東西或傷害別人是錯的，儘管權威容許或贊成該行為。基本上，對這些道德原則的態度不會因著權威的偏好，而改變孩童對這些原則的判斷。也就是，對一些道德原則，人們似乎生來就擁有基本判斷的能力，知道它是很重要而且不能改變的，這應該與社會化的歷程或外在直接獎懲或學習沒有直接的關聯。當然對這些道德原則的認識還是會隨著年齡的發展，而對該原則的目的與意義有更多的理解。但是從另一方面來看，對於有些社會規範，例如：是否要

穿制服、上課能不能講話或吃東西，孩童也可以清楚的確定，這些規範沒有一定的對錯，而且是可以被改變與調整的。因為他們知道有些社會規範是有其特殊的目的，這些規範可能因著人的喜歡或偏好，或外在因素改變而改變。

如果孩童真的擁有這些道德判斷的基本能力，而不是無知或完全被外在塑造的。父母或師長在管教中若經常任意違背該原則，或過度使用該權威。長期下來可能干擾或混淆孩童的道德判斷。因為他們本來認為的「對、錯」在個人與權威互動的經驗中發現兩者之間有許多不一致甚至是矛盾的。也就是，他們本來認定的「對、錯」與本身的經驗不一致，而產生對自己原則的不確定甚至否定自己所擁有的。另一方面也可能進一步影響個人對權威的態度，甚至無法信任權威。因為權威常作一些行為對他們而言是不對的，在成長過程中逐漸的傷害他們對權威的信任與接納。這也可以瞭解為何有些青少年常對權威不信任，甚至挑戰權威或進而挑釁權威。

輔導者常得面對個體在早期生命經驗留下的部分，青少年對教師權威的憤怒或挑釁常反映出他早期未處理對權威的情緒，輔導者如何處理這些情緒成為他們很重要的新的經驗。我們也許無法改變過去的經驗，但我們同時也在創造新的經驗，這些經驗逐漸也會成為另一部分的過去的經驗。如果這部分的經驗與過去是一致的，我們同時加強與肯定過去的經驗；如果我們提供不一樣新的經驗與過去的體會完全不同，也許他們會重新質疑過去的經驗，而帶來新轉變的可能。當然許多的改變不是立即的，也許對一個生命個體長久以來的過去，無法因短暫的新經驗就改變。但輔導者在有限的時間

與角色中提供改變的契機，這可能對青少年未來的發展有重大的影響。

建議閱讀相關參考資料:

1. Patterson, C. H. (1986). *Theories of Counseling and Psychotherapy*. New York: Harper Collins Publishers.

2. Corsini, R. J., & Wedding, D. (1995). *Current Psychotherapies* (5th ed.). Itasca，IL: E. E. Peacock.

3. Skinner, B. F. (1948). *Walden Two*. New York: Macmillan.

4. Cooper, J. O., Heron, T. E., & Heward, W. L. (1987). *Applied Behavior Analysis*. Columbus, Ohio: A Bell & Howell Company.

5. Ellis, A., & Whiteley, J. (1979). *Theoretical and Empirical Foundations of Rational-Emotive Therapy*. Pacific Grove, CA: Brooks/Cole.

6. Ellis, A., & Maclaren, C. (1998). *Rational Emotive Behavior Therapy: A Therapist's Guide*. Impact Publishers.

7. Ellis, A. (1987). *The Practice of Rational Emotive Behavior Therapy*. New York: Springer Publishing Company.

8. Corey, G. (1996). *Case Approach to Counseling and Psychotherapy*, 4th ed. Pacific Grove, CA: Brooks/Cole.

行動取向的輔導觀點

第一節　基本概念及源起

　　本章主要以 William Glasser 的現實治療學派來看人的問題。Glasser 早期也接受心理分析傳統的訓練，不過他認為心理分析的觀點很容易讓個案逃避自己該有的責任，而且把焦點太多放在過去的經驗，也很容易將自己的問題歸咎於他人的錯誤。因此他積極介入對個案的教導，並強調個人責任。Glasser (1965) 將他的治療方式具體運用在有行為問題的青少年，強調與建立他們對同儕的友誼及個人責任，結果這樣的治療方式對這些青少年有很大的幫助。Glasser 的老師 Harrington 也將這些強調主動投入及個人責任的方法運用在精神疾病的個案治療上，同樣發現有明顯的療效。從這些嘗試中，Glasser 發展其控制理論 (control theory) 的治療觀點，同時也將這些理念落實在教育的系統，幫助學生經歷及體會控制自己的生活，同時對學習產生正向的經驗。他在教育方面的主要代表著作，例如：*School Without Failure*, *The Quality School: Managing Students Without Coercion*。近年來他更強調個人的抉擇，因此從他過去的控制理論進入所謂的選擇理論 (choice theory)。因為過去的控制概念會讓人誤以為試圖對他人進行控制，其實他真正的理念是強調個人的抉擇與責任 (responsible choices) 及自我控制 (self control) 的學習。

◎ 第二節　對人的觀點及對發展的期待

　　Glasser 認為人的行為是有目的性的，而且主要來自個人內在的力量，而非出自於外在環境的影響。內在動機的行為是要導向滿足個人的需求。Glasser 認為人有四個基本心理需求：歸屬 (belonging) 或愛與被愛、權力 (power) 或價值感、自由 (freedom)、有趣的 (fun) 及基本求生存的 (survival) 生理需求。歸屬包含愛與被愛、分享與合作，這些需求常在友誼、家庭甚至寵物及大自然中得到滿足。覺得有權力則是讓自己有價值感，從個人表現或工作中，體會個人的成就感或個人價值。然而個人價值或成就感的展現，可能很容易影響甚至傷害歸屬感需求的維持，因為在成就或價值的建立中，競爭常是不可避免的，在競爭過程中輸贏的比較對雙方的關係可能是一種威脅。一樣的，在權力的追求中，對他人的支配或以上對下的對待方式，都可能對強調平等互惠的歸屬關係，造成一些干擾，因此如何處理這兩個需求是很重要的議題。自由是讓自己能選擇過自己期待的生活方式、個人的自我表現方式，還有選擇如何建立與他人及外在事物的關係，讓自己發展成獨立自主的生命個體。有趣的是從各樣的活動及生活的嘗試中得到滿足。生存的需求則是指人基本生理的需要，或是維持生物體運作的需求。

　　當我們選擇的行動能滿足我們的需求，我們逐漸建立一個正向的意象 (success identity)，覺得這世界是可以被改變的，我也有能力選擇行動去改變它。Glasser 強調的整體行動 (total behavior) 不只是行為，同時包括：行為 (doing)、思考 (thinking)、感受 (feeling) 及生理 (physiology) 的面向。當一個生命個體能感受到自己能選擇及掌控自己的行為，來滿足自己的需求，他同時也瞭解自己對生命的責

任與所要付出的代價。

第三節　對人心理問題形成的解讀

對於人心理問題的形成，Glasser 的控制理論的觀點認為，主要來自於失敗的認同 (failure identity)，個人選擇以逃避的方式不願意面對自己的問題，同時也不願意承擔自己該有的責任。因此選擇以負向的思考（例如：認為自己很糟糕、沒有價值）、負向情緒（例如：憂鬱、生氣、或焦慮）、或其他症狀（例如：頭痛、身體不舒服）來逃避自己所要面對的問題。以這樣的觀點來看，心理問題的產生是個人選擇造成的。藉由這些心理問題或症狀可以找到合理的藉口，讓人們暫時逃避個人的責任與所要付出的代價。但這些方式不只反映出對外在世界的錯誤知覺，反而更無法讓自己基本的需求得到滿足。

第四節　對問題處理的態度與方式

Glasser 對心理問題的處理強調與個案關係的建立，他認為提供瞭解與支持的關係是能幫助個案改變很重要的因素。所以治療者與個案建立友誼的關係，並提供溫暖接納的環境，建立一個開放及尊重的關係是治療很重要的第一階段。在這種關係中，治療者可幫助個案檢視現實的可能及瞭解個人行為所帶來可能的結果。

治療的過程可以用 WDEP 來描繪，W 即是想要 (wants)，D 就是作為 (doing)，E 即是評估 (evaluation)，P 為計畫 (planning)。從「確定個人真正的需要」(What do you really want?) 或「什麼需要是可能的」(What do you want that is possible?) 進入「瞭解個人的目前具體

作為」(Ask what are you doing now?) 進而評估該行為，是否真正能滿足個人真實的需要。同時「確定過去所作的行為」(What did you actually do this past week?) 及「未來想嘗試的行為」(What will you do tomorrow?) 同時也瞭解「為何有些行為過去無法持續?」或「未來將有何不同的嘗試」。從評估中發展一個可行的計畫 (planning)，承擔個人的責任與代價，不找任何藉口，不需懲罰，更不能放棄。

　　整個過程常因著個人狀況或情境改變，而須不斷調整自己的計畫。但個人問題的處理還是得建立在自己的責任與付出。當然瞭解自己真正的需要是很重要的出發點，因為當我們無法真正掌握自己的需要，可能讓我們花費很大的力氣卻換來了更大的失落。然而當個人的需要確定後，如何讓自己真正達到自己想要的是很重要的。從現實治療學派的觀點來看，個人的情緒或任何的抱怨或對他人的期待無法改變什麼，只有透過個人的責任與付出才有可能達成。

對本治療學派在心理輔導的使用與建議

　　現實治療學派對於許多人的問題，可以提供有效的解決。在治療過程的嘗試中，可以讓當事者對自己的責任及所應付出的代價有更多的體會，讓他對於自己的行動有更多的把握，也對自己更有信心。其實這樣的方式特別適合用於短期的輔導關係。然而由於現實治療學派相當強調理性及責任，將情緒反應視為個人試圖逃避問題的因應方式，因此對於有較多情緒困擾或長期情緒問題較多的人，可能較不容易達到治療的目標。

問題討論與思考方向

一、現實治療學派提出人的四個基本心理需求：歸屬、權力或價值感、自由及有趣的，請你列出你想要的三個願望，這些願望背後的期待，是否與前面現實治療的四個需求有關？也許我們無法改變他人，但我們可以承擔責任與代價，讓我們這些基本需求得到滿足，你會付上什麼代價或行動來滿足你的願望？

二、你覺得你所知覺到的世界是你可以掌握與控制的嗎？什麼事情或與什麼人相處最能讓你覺得你是可以掌控的？那些事、情境、或與什麼人接觸讓你最容易覺得無法掌控？你如何處理你那無法掌控的部分？

三、想一想你目前面對的主要問題是什麼？確定一下什麼是你真正的需要，或是這樣的需要真的可能得到？對於你真正的需要，你是否為這需要作過些什麼？從過去這禮拜中想想你真的付上什麼代價？未來你如何繼續為這需要來努力？

觀念補給站

個人發展與品德培養對心理輔導的意義㈠

　　品德教育已逐漸成為臺灣教育的期待，目前許多的教育單位也嘗試積極推動相關活動或課程。這些規劃其背後有很重要的目的，主要認為我們的下一代缺少一些基本素養，例如：責任感，或需要擁有一些重要的特質，例如：自信。因此教育工作者得在早期的發展中，提供我們下一代學習的機會，才能幫助他們未來擁有這些素養的特質。然而重要的是我們需要那些特質能讓我們更成熟，這是推動品德教育工作者要先思考的問題。其實過去傳統的教育中，早已提出許多相關特質或基本素養，例如：「禮、義、廉、恥」或是「忠孝、仁愛、信義、和平」，在臺灣社會中，只要是三、四十歲以上的人，應該都很熟悉這些詞彙。然而這些品德對我們是否仍然重要？或這些品德對我們真的有影響嗎？我們是否還是要強調這些品德？然而伴隨著社會逐漸的發展與改變，我們的下一代需要那些新的品德素養？這些問題的釐清對於教育工作者或輔導者，應該是一個很基本的議題。

　　近幾年來我們可以看到，許多教育機構在學校中積極推動品德教育課程，甚至大學也成立相關中心，例如：政治大學、靜宜大學等學校都成立品德教育中心。許多縣市政府也嘗試加強品德教育，特別是高雄市教育局，這些年來更積極推動品德教育及出版相關刊物，從高雄市早期推動品德教育的規劃中，該單位試圖從不同國家的觀點依其出現次數，找出幾個較常被提及的品德特質，因而提出：

「友善」、「負責」、「孝順」、「感恩」、「尊重」、「合作」、「寬恕」等
7 項重要的品德教育的目標。事實上藉由統計的分析與歸納，達到
可能的共識是一種有效率的方法。然而問題是，一樣的名詞或概念，
在不同社會文化或理論架構下可能有很大的認知差異或不同的定義
與期待，完全以出現的頻率來處理，可能無法反映出它的真正重要
性。

　　對於品德教育真正需要思考的問題有幾方面，第一是我們能否
真正瞭解這些品德為何是重要的，或是這些品德實質的內涵及意義
是什麼，否則很容易成為只是一些形式及口號的教育。同時要瞭解
品德教育對我們發展的影響如何？也就是「這些品德跟我有何相干？」
「為何我們需要它？」「如果我們缺少這些特質對我會有何影響？」基
本上，不論是來自不同社會文化或出自於不同理論架構所提出的期
待或理想，大部分的人應該都可以接受品德教育的正面意義及其可
能發揮的功能。也許我們可以提出十種或二十種甚至更多的品德教
育的訴求，但問題是我們常不覺得，每一種品德對我都是有意義且
重要的。每一個人都會選擇對我們最重要的品德，並將其實踐在生
活之中。因此那些品德是重要的，反而是品德教育最先要確認的問
題。

　　所謂品德重要性的確定不是以個人偏好或文化期待為基礎，品
德教育應該建立在相關的研究證據與理性思考的基礎上，例如：強
調品德教育的重要學者 M. Berkowitz (2002) 曾提出，品德教育要建
立在科學研究的證據，而非以個人或文化的偏好，從相關具體研究
或理論思考中，探討這些品德對人的意義及影響，藉由理性的思維

與理論的檢視，才能對品德的實質內涵與意義的確立與澄清。就比如，我們常認為自信很重要，因此就有許多人提出一些論調，強調應該多鼓勵他人才會產生自信。然而不斷盲目的給予鼓勵，會不會產生自以為是或自負的特質，這是值得思考的。還比如有人強調「愛自己」很重要，可是「什麼是愛自己？」如果沒有透過理性的思辨與澄清，「愛自己」很容易成為以自我中心或自以為是的合理化行為，或成為自己不願意關懷別人或逃避自己責任的藉口。

　　另一方面從個人發展的觀點，我們還要瞭解品德的發展歷程與階段，及如何透過教學傳遞該品德。其實許多品德是要長期塑造與學習的，對於不同年齡他們所理解的意義不同，例如：Selman (1980)提到兒童在友誼的概念發展中，對信任或嫉妒概念理解有很明顯的改變歷程。從 Selman 的理論架構來看，兒童時期對於信任或嫉妒的理解是在行為層面的意義，然而隨著心智的發展，逐漸得從個人內在傾向或穩定的特質中來看待信任或嫉妒，也就是，早期兒童完全以「說到做到」的行為來看待信任，逐漸的從個人是否具有這種特質，或個人如何面對「與他人的關係」來看待信任。因為品德的概念常是較抽象的，例如：公平、責任、關懷、尊重，因此若要融入教育中，要考慮小孩的發展階段，否則很容易陷入教條主義或只是一些表面及形式的教育。因此，必須考慮小孩子的發展階段與對概念的理解的能力來設計相關課程。

　　此外，學校也要能創造合適的情境，讓學生甚至一般人進入這個學校，就能感受學校對這些品德的重視。這不是只是用海報或一些標語，或只是宣導就能達到。學校的行政人員或教師甚至家長，

是否有一定的共識，認為這些品德的確很重要。其實情境的規劃或創造是很重要的，要讓學習者能真正融入學習的歷程。就好像如果學校要推動「負責」，在學校中我們就會看到「負責」的老師會因怕上課遲到一兩分鐘，而急忙趕著去教室。這不只是身教，更重要的是創造了一個大家對「負責」學習的情境或風氣，讓大家一起投入學習。筆者個人曾經到許多不同學校參與校務評鑑、學校輔導，有時可以很快的感受學校所創造的氣氛，或是瞭解他們真正看重的品德。對我個人而言，特別有深刻印象的是到過幾個私立的教會學校，而且都是女校。從學校的課堂教學、下課到吃飯時間，的確可以直接感受到不同的氣氛與對一些品德的重視與實踐。

建議閱讀相關參考資料：

1. Glasser, W. (Ed.). (1965). *Reality Therapy*. New York: Harper & Row.

2. Glasser, N. (Ed.). (1980). *What Are You Doing? How People Are Helped through Reality Therapy*. New York: Harper & Row.

3. Glasser, W. (Ed.). (1980). *School without Failure*. New York: Harper & Row.

4. Glasser, W. (Ed.). (1985). *Control Theory: A New Explanation of How We Control Our Lives*. New York: Harper & Row.

5. Glasser, W. (Ed.). (1998). *Choice Theory: A New Psychology of Personal Freedom*. New York: Harper & Row.

6. Glasser, W. (2000). *Counseling with Choice Theory: The New Reality Therapy*. New York: Harper Collins Publishers.

7. Glasser, W. (1990). *The Quality School Meaning Students Without Coercion*. New York: Harper Collins Publishers.

8. Wubbolding, R. E. (1991). *Understanding Reality Therapy*. New York: Harper & Row.

9. Glasser, W., & Wubbolding, R. (1995). *Reality Therapy*. In R. Corsini, & D. Wedding (1995). *Current Psychotherapies* (5th ed.) (pp. 293–321). Itasca, IL: E. E. Peacock.

10. Corey, G. (1996). *Case Approach to Counseling and Psychotherapy* (4th ed.). Pacific Grove, CA: Brooks/Cole.

團體取向的輔導觀點

◎ 第一節 基本概念及源起

團體輔導與其他治療學派最大的不同點在於團體輔導必須同時面對不同的成員，成員與成員的關係，成員與帶領者的關係，常帶來不同人際互動的可能與發展的動力。因此從團體成員的選取及其組成、團體的目標及進行方式、團體形成的常模與規範、團體發展的力量及其可能面對的困境，還有團體的發展階段中，團體領導者的角色、成員在團體中的角色，都成為團體輔導中需要面對的問題。當然，可能因為輔導的對象或處理問題不同，帶領者所選擇進行的方式或採取結構或非結構的形式而有差異，甚至因採用的治療學派不同而產生很多差異。不過整體而言，團體輔導仍有共同所要面對的問題，主要包含：團體的規劃及其預備（例如：目標的確定、成員的篩選、團體的人數、組成、次數、場地、時間、規範）、團體發展的力量及其阻力、團體的角色（帶領者的角色、成員可能出現的角色）、團體的發展階段、團體的歷程與影響評估等五方面來探討。

◎ 第二節 團體的規劃及其預備

團體的規劃與預備是否恰當往往成為團體發展很重要的因素。團體目標的形成是團體規劃很重要的第一步。如何規劃一個合理的 (reasonable)、可執行的 (conductable) 及統整性 (coherent) 的目標是

帶領者需要考量的。合理的目標是建立在可被理解的主題上，讓參與者有合適的預期，避免造成不必要的認知落差。同時也能真正清楚參加團體的意義，或該付上的代價，減少因參加後不必要的退出或影響參加團體的動機。可執行的目標是以團體的現實考量為基礎，例如：成員特質、團體時數及次數等，以建構出團體的合適目標，目標太大往往無法真正的達到，目標太小或太細可能較難引起動機。對於目標的統整性則是強調目標與團體的進行或內容的一致性，及其階段性間關聯的連貫性。

　　當團體的目標確定後，對於參加成員的篩選標準要有完整的規劃，例如：團體成員的同質性或異質性的規劃，因為成員的特質可能會對未來團體的發展與團體的動力造成很大影響。另一方面，團體輔導或個別輔導也會造成差異，其中一個原因是，可能不是所有的人都適合參加特定目的的團體，所以要有好的篩選標準，或其他的配套方式，例如：處理團體成員中途退出，或團體結束後可能的問題或傷害。因為在團體的互動中可能有些不可預期的結果，帶領者得事先對這些結果的影響有些評估。在團體的進行方式中對於團體進行的長度，包括：團體的次數與每次進行的時間，都得與團體目標結合並事先有完整的規劃。事實上我們經常發現團體的進行時間太短或次數太少，或每次之間相隔太久，例如：超過一週才聚一次，都可能影響團體的關係與氣氛的發展，進行時間太長也可能減少團體成員參與的興趣與動機。除此之外，我們也要考量團體的規範與常模的確定、團體互動模式的規範及其對遲到、早退、缺席或對他人的不當行為的處理，都可能對團體發展造成很大的影響。所以得事先有完整的規範以減少不必要的傷害發生。

◎ 第三節　團體發展的力量及其阻力

　　團體發展的因素或力量，從過去許多學者的研究，已可看出團體發展會受許多重要因子及可能的力量影響，例如：最常見的是 Irvin Yalom 提出十一個重要治療因素，主要是從團體的參與者及帶領者參與團體後的體會及學習而分析及歸納的結果。對於這些治療因素的重要性可能因帶領者及參與者角色不同，或團體的組成或目標及特色不同而有明顯的差異。當然也會隨著團體的發展而需要不同因素的介入，其中幾個常見的重要因素如下：

　　一、灌注希望：維持希望是很重要的力量，讓成員能持續對團體參與的興趣，並看到參與團體對他個人的意義與重要。事實上，在團體的互動中難免會有些挫折或不舒服，然而因著對團體的希望或透過團體灌注他的希望，能讓成員持續參與團體。希望的灌注有時來自帶領者的引導與肯定，或成員彼此的回饋讓成員感受自己的改變，另一方面可能因其他成員的改變，而讓自己看到問題改變的可能，或自我成長的契機。灌注希望這個因素在團體的早期階段特別重要，它可讓團體成員產生動力願意繼續參與這個團體。

　　二、普同性：主要是讓成員感受到，團體中有些成員也與自己一樣面臨相同的命運或類似的困境。人在面對自己的負面經驗時，可能很容易覺得自己的不幸與孤單，然而在團體互動中，若有機會發現許多跟自己有共同的命運或處境的人，則會覺得不再那麼孤單，或不是那麼糟糕或有問題。就像當我們考完試時覺得自己考得很差，可是當我們發現還有很多人跟自己一樣，可能我們會對自己的不如意表現有不同的感受。在青少年團體中，青少年們常突然發現原來我們都有一對難相處的父母，當他們有機會發現共同經驗的夥伴時，

對於個人的境遇可能會有不一樣的感受。

　　三、現實的檢驗：主要是指團體能提供一個信任安全的環境，讓團體成員在團體人際的互動中，有機會從不同角度或不同觀點，來檢視自己的狀況或問題。由於回饋來自不同人，從不同的角色與立場，往往較容易幫助一個人瞭解別人對他的看法，藉此可讓成員有機會認識自己，及承認自己的有限與問題。現實的檢驗往往可以成為人際互動中重要的基礎,因為這樣的經驗不只是增加自我瞭解，更重要的是確定別人對我的觀感，同時有機會調整自己。

　　四、情緒的宣洩與抒發：在團體的互動中很容易引發成員對過去相關處境時的情緒，例如：面對別人的批評或忽視、或是有些大男人主義或自我中心的成員等。另一方面可能從別人的問題中，激發對類似狀況的感受，例如：家庭的傷害、情感的挫折等，都可能引起成員的情緒。若當下團體的氣氛是溫暖或接納的，有時可能受其他成員情緒的感染，而讓成員自然宣洩個人被激發的情緒。雖然情緒的宣洩在團體的療程中是有其重要的角色，但它是個人改變的開始，若能適當處理協助成員對該經驗更多層面的理解與統整，可增進成員更進一步學習與成長。

　　五、原生家庭經驗的再現與重塑：在一個穩定及長期的團體互動關係中，早期在家庭互動的模式或在家庭的定位，及扮演的角色很容易在團體中再現。在團體的互動與回饋中，有機會讓成員重新檢視自己在家庭所扮演的角色，及個人面對家庭其他成員的態度及行為模式。在整個過程中成員可重新調整自己的態度，也有機會對原生家庭帶給自己的影響與塑造，產生更多的理解與認識。

　　六、人際的學習與付出：在團體中，從團體帶領者及其他成員的知識及經驗的傳授，或學習他人的行為或處世方式，在團體互動與回饋中逐漸學習發展社交技巧，建立新的人際互動方式，同時學

習關心他人、幫助他人，都是在團體中人際學習成長的力量。由於成員過去在學校、家庭、甚至工作場合中，都可能有既存或固定的行為及思考模式，或是因著角色或情境而限制人際互動的可能，因此在團體中可提供新的社會縮影，讓成員有不同的學習。若團體也能提供溫暖接納的環境，更能讓成員產生新的經驗。就像一個生長在父母忙碌的家庭、學校功課平平沒有特別才能、常常沒人注意的小孩，在團體中可能透過學習他人的行為、瞭解別人的想法、學習關心別人、發展人際技巧，而獲得許多新的人際經驗，這些都可能使該成員有許多成長。

　　其他相關治療因素包括：團體的凝聚力、存在因素、利他行為、認同仿效，這些都是讓團體發展及產生影響的重要因素。

　　造成團體發展的阻力通常有：成員對團體目標的失望與對團體的預期有落差、或抱怨覺得沒有足夠的時間分享或與帶領者互動、還有早期的出席率偏低或是退出團體的比率高，這些都比較容易發生在早期團體的發展階段。團體進入中後期以後，團體中出現小團體，或團體成員彼此的特質或經驗差異太大，團體外在的社會壓力，還有成員對親密關係的建立感到困難或害怕，或在團體進行中，怕受其他成員情緒感染而產生強烈情緒等，這些都可能對團體的發展造成影響。

　　此外，團體成員所常扮演的角色，也會對團體的發展造成一些干擾，甚至成為團體發展的阻力。常出現在團體的角色很多，例如：「壟斷者」可能試圖掌控團體的主題與團體的發展，因此他可能影響其他成員的參與與團體凝聚力；「攻擊者」可能因其對某些主題的敏感或因有特殊個人經驗，而對成員有較多的敵意或不滿，因此很容易引發團體的緊張氣氛；「大頭腦者」或「批判者」，常試著用理性分析來處理問題，被分析者可能有些不舒服的感受，另一方面也

讓成員無法從經驗層面或情感揭露方式來分享；「玩笑大王」則試圖影響團體的氣氛，或帶出較輕鬆愉快的氣氛，這些扮演者可能可以因著這些玩笑讓自己逃避團體所進行的主題，不過團體可能因此偏離團體正在運作的主題，或因此而讓彼此無法發展更深入的互動或瞭解；還有我們也會發現有些人扮演「沉默者」的角色，沉默者保持對團體的距離，缺少對團體的責任，可能對團體的發展有很大影響。一個領導者如何處理團體的阻力，及如何引起有效的治療因素，成為團體發展很重要的基礎。

◎ 第四節　團體的領導者角色及成員常扮演的角色

領導者除了輔導專業素養與經驗外，主要的角色在維持團體的運作、團體常模的形成及規範的執行。團體的運作中如何適當的引發及處理團體的動力，以及對於團體進行中成員之間的衝突、成員的情緒反應及不同成員所扮演角色的處理，特別是對於成員的自我揭露及成員的過度心理防衛，如何能運用團體的動力及運作方式來面對它，都是團體帶領者很重要的工作。

對於團體運作中如何藉由團體的規範與常模的基礎來適當的處理團體出現的問題或特殊角色，也是團體發展很重要的基礎。在清楚的規範與穩定的常模基礎中，可讓團體的運作能依循一定的遊戲規則，更重要的是能逐漸形成信任與凝聚力的關係。然而團體的規範與常模的建立，往往不是靠領導者說什麼，而是作什麼。就比如團體成員中有人對其他成員做出敵意的行為或惡意的攻擊，領導者若不能適當處理或故意忽視，可能讓團體在未來無法建立在彼此尊重的規範基礎下來運作。另一種可能的情境則是，雖然領導者常強

調要準時，不能遲到早退或缺席，但對於遲到早退或缺席的成員，領導者可能過於通融或沒有很認真面對這些問題，這樣的處理方式也很難讓團體成員在未來建立起對出席狀況的看重。

　　對於成員常扮演的角色及其背後的心理歷程，領導者需要有更多的瞭解與掌握，比如：以理性為基礎的角色，就像「大頭腦者」或「說教者」比較以理性及思考為其表現的方式，個人的感受或經驗則較被壓抑，這反映出扮演者面對問題的習慣因應模式，或是扮演者試圖以這種形式的表現來逃避面對自己的問題或內在的焦慮。而「悲慟者」則展現另一個極端較以情緒展現為主；或是「敵意者」也一樣以負向情緒為其習慣的表現方式。其實這些情緒的展現方式可能因長期無法面對情緒的揭露，另一方面也可能從其情緒表達中獲得被其他成員的注意或關心。自以為是或自我清高的角色，例如：法官、「自義者」或「聖人」則試圖站在天平的上面分析及決定事情孰是孰非，他們與團體保持距離，但同時習慣展現自己的優越與獨特。在另一方面對喜歡控制他人的「壟斷者」角色也展現個人需要別人關注，喜歡站在舞臺上的自我中心傾向。而「依賴者」則完全配合「壟斷者」的演出，讓自己可安全的躲在他人的庇護底下。「沉默者」雖然有些時候與「依賴者」相像，但他的沉默可能帶來自己與他人的距離，也缺少對團體的付出及投入。而「照顧者」則嘗試扮演領導者的角色關心別人，同時也願為別人付出，他試圖獲取別人的喜歡或需要，另一方面也展現自己的能力及讓別人感受他在團體的重要性。事實上，每個成員都會試圖扮演一些角色，而每個角色背後都有其動力及個人的期待。好的領導者應該瞭解不同角色背後的力量，才能促使團體有更好的發展。

◎ 第五節　團體的發展階段

從不同理論架構（例如：Yalom、Corey）來思考團體的發展，最少有四個不同階段：

第一階段為初期的相遇，成員開始尋求自己的角色，有些心理仍有些疑惑或依賴，成員之間較客氣，說話有禮貌，情感的表達較節制，彼此保持一定的距離，喜歡提供意見及建議，也尋求別人的認同，期待小組長的接納及應允，同時有些不安、懷疑、心中有些抗拒。

第二階段是一個艱困及矛盾的階段，成員的衝突及敵意逐漸浮現，心中的抗拒或不滿容易出現，個人嘗試要自主或掌控團體運作，成員之間可能容易出現矛盾或批評，同時也可能開始出現對領導者的挑戰，對領導者的敵意或不滿，甚至一些反叛行為。團體的角色愈來愈明顯，難以處理的角色逐漸呈現，例如：「攻擊者」、「大頭腦者」、「壟斷者」、「依賴者」或「沉默者」。整體而言這是團體發展很重要的階段，這些狀況的處理方式可能影響團體未來發展的可能性。事實上，此一階段中，這一類行為或情緒的出現，從團體發展階段的觀點來看，應該是團體發展的必經之路，若團體的領導者能處理得當，它將讓團體順利進入下一個階段。若持續相當的時間這些現象仍未能處理，可能會讓團體退回第一階段或甚至終止團體的關係。沒有經驗的帶領者可能在此階段中，很容易歸咎於自己處理不好或能力有問題才會出現這些狀況，或是認為有些成員不合作或有特殊問題才會發展出這類的團體問題，其實它是團體進一步成長及改變的轉折點，從不同團體發展的理論來看，團體面臨矛盾或艱困的狀況是不可或缺的關鍵時期。而不同團體發展的差異，只是在於其時

間的長短，及不同處理的方式對團體發展的影響不同。

　　第三階段團體已逐漸形成凝聚力，大家有在一起的感覺，彼此願意分享個人隱私，坦誠分享個人經驗，對其他成員的信任與接納也逐漸增加，彼此間樂意互相幫助也較常給予他人回饋，同時對團體願意有更多投入，出席率也趨於穩定且偏高，同時成員對於缺席者會進一步關心與瞭解其狀況。當成員間有些衝突時也願意學習試圖來解決。因此本階段提供很好的情境，讓成員能進一步探索個人的問題，藉由團體的互動，可以對自己的問題產生新的理解或頓悟。

　　最後階段為團體的結束階段，團體成員能學習並瞭解整個團體過程對個人的意義，也能珍惜彼此分享學習的經驗，以及在團體中如何一起成長的經歷。然而同時可能因團體即將結束，而帶來一些感傷、甚至有些人可能會感到害怕或威脅感，或以缺席來逃避面對離別。當然，有些人可能試圖去處理自己過去尚未完成的特殊事件。對於如何將在團體的學習融入日常生活，讓自己未來能持續成長，也是最後階段所要處理的議題。

◎ 第六節　團體的歷程與影響評估

　　團體發展的可能階段及不同時期團體對成員的影響，或是團體成員在團體運作中所面臨的問題與困境，是團體的領導者要持續掌握的重要信息。然而，由於個人在團體的觀察可能是有限的，常有些盲點，同時有些成員可能無法在團體中表現真正的感受，因此除了第一次團體進行前要先評估每個人的狀況，成員在團體中的後續發展也要持續評估。基本上每次團體結束前，成員對團體的回饋是評估可能的管道。然而有些感受可能不容易在回饋中分享，或是有些心理狀況成員本身也不是很能清楚的掌握，而無法清楚表達自己

的感受。因此團體的歷程與影響的評估，是團體帶領者所要面對團體的運作中很重要的一個議題。

團體領導者很重要的任務是，仔細觀察團體進行中成員彼此的回饋或評量，不論是匿名或具名的自我評量，或是對團體感受的評量，因為這些都可能成為有意義的指標。團體成員對他人的評量或回饋，及對團體的感受評量，除了表達個人對他人的知覺與感受，其實也常常反映出成員當下的心理狀況。除了藉由個人觀察及相關評量工具的使用，另一方面從配搭者或協同領導者或督導，也都可以提供對團體的歷程與影響評估的瞭解。

對本治療學派在心理輔導的使用與建議

圖 10-1　由於擁有共同的經驗，使得團體輔導中的成員更能體會彼此的心情。

團體輔導相當適合用在學校的情境，因為學生在成長過程中常有許多共同的經歷，例如：學習問題、家庭關係、同儕或兩性等。一樣的，對於有許多共同處境的團體，例如：離婚、單親、癌症病患等，以團體方式來進行輔導也有其優點。主要的因素來自於它可提供團體成員在一個共同經驗的基礎下，透過互動中的學習與分享，能被更多的人接納與瞭解。而且也常因他人的改變帶給自己更多的希望，或因看到與自己承受一樣的痛苦或經歷相同的命運，讓自己覺得不再孤單。

然而，團體輔導也有其限制與須面對的問題。在團體的互動中，成員在分享過程中，其他成員的反應或彼此的對話方式及內容，有時情況並不是帶領人能完全掌控，有些互動方式可能會造成一些不

舒服或傷害，當然這些經驗也可能成為治療過程中有意義的經驗；然而這些相關的經驗如果在團體結束後仍無法恰當處理，或有些人因為這種不舒服經驗就很快的離開團體，都可能成為團體輔導的限制。當然這些問題，有些可以從團體的規範或常模的建立來約束成員，或在參加團體之前的具體約定，作一些可能的先前的預防。儘管如此，造成一些傷害仍不可避免。

團體輔導中彼此的互動與分享其實對成員可能產生很大的吸引力，對許多第一次參加團體者而言，也許在團體中提供的經驗，是過去成長過程中較少體會的特殊人際經驗，例如：在團體中有人關心、有人注意，是讓許多人重新經歷自我的存在與價值感。然而相對而言，關係親密帶來的傷害可能也越大。因此團體的確需要有專業及經驗的輔導者，來處理這些親密的互動，好讓這些經驗成為個人發展的力量與成長的來源。

 問題討論與思考方向

一、團體動力這個詞彙許多人都很熟悉，但是團體為何有其動力？或其力量主要來自那裡？為何有些團體沒有發展的動力？

二、團體的發展常來自於引起團體成員學習與成長的相關因素，從你個人的經驗中你覺得那些因素對你最有意義？如果你要帶領一個團體，你要如何適當使用相關因素以促進團體發展？

三、團體發展常面對一些阻力，你是否經歷過這些阻力？你如何面對與處理這些阻力？

四、團體的成員可能在團體中扮演不同角色，有些角色可能成為難處理的人物，那種角色對你威脅最大？你如何處理這些角色？

五、團體的互動中常無形中展現許多自己的面向，你是否有注意到
　　一般人包括你自己，在團體互動中與團體外的行為常有些不同
　　表現，你覺得為何有這些差異？

觀念補給站

個人發展與品德培養對心理輔導的意義㈡

　　談到品德教育在學校的實踐，筆者個人從教育體系的觀察中，就不斷發現許多很有趣的現象。在中小學的學校發展中，雖然許多學校也在推動品德教育，但整個教育系統還是以學業或智育為主要的教育基礎。教師努力達到教學的進度，對學生教學的評量，提供學生課業的學習，幾乎已佔據學生大部分的學校生活，其他發展常是附帶的目標。因此我們可以清楚看到，再好的學校特色，若沒有好的學業表現常可能還是被認為不是一所好的學校。事實上，品德教育在目前的中小學教育，經常只是變成一些比賽或特殊活動來推動，在一般生活教育中還是以強調社會化的學習為主，例如：有禮貌、整齊清潔、守秩序等。

　　然而，一般幼兒教育因為沒有直接學業成就的評量，因此比較不受這些教育潮流的影響。從幼稚園或托兒所的教育中，可以清楚看到學校相當強調或經常推動品德教育。

　　從筆者個人經驗而言，當我仔細觀察自己小孩的學習歷程，我女兒三歲就進入幼稚園，在學校生活中她開始體會有些品德是重要的，例如：會不會自己穿鞋、穿衣服、吃飯、大小便，這些以獨立自主為目標的學習，或是在遊戲中與別人分享或輪流玩玩具的人際合作的學習，還有聽從老師及遵守學校規定等，對權威與規範服從的學習。這些經驗是她過去在家庭生活中較少需要學習的，似乎這些規範逐漸成為幼兒教育共同的教育原則。然而除了這些共同性的

規範外，在不同幼稚園對於學生的學習目標，可能因著老師或學校的政策不同，就有很大的差異。

事實上從學校對學校生活的規劃就可清楚看到這些差異，或是從教師在教學及管教中所花費時間的多寡，或管教的準則就可以看到教師對那些品德的注重。在這一年多的幼稚園生活中，對我女兒最大的問題是，她對食物的偏好常成為她上學中最大的困擾，老師似乎想盡各種辦法試圖來改變她偏食的習慣。但不論是用直接威脅或利誘，都無法改變她的喜好。所以在一年半的幼稚園生活中，她最大的困擾是吃飯時間。其實我一直無法真正瞭解老師，為何如此用心在改變個人的飲食習慣，我推測可能因為怕小孩的偏食習慣會影響其發育或健康。

有趣的是，在我女兒進入中班時，我們正好有機會到美國，我女兒有將近七、八個月的時間在大學所屬的幼稚園學習。在這些日子中，我一直記得他們學校的公佈欄張貼了一個重要信息，「不要強迫小孩吃他不喜歡的東西，或利誘小孩吃他不喜歡的食物」，這份資料來自一個學術機構的建議。因著這些理念，我女兒每天都在學校度過一段愉快的午餐時間。然而相對的學校對家長的要求較多，學校要家長準備給小孩完整的午餐，例如：至少兩樣蔬菜、一樣肉、一樣豆類或牛奶製品。因此我們每天都得花一些時間準備小孩的午餐。可是小孩回家時經常只是吃一兩口，我們發現老師真的不會強迫學生吃飯。後來仔細思考國外老師的教育理念，他們強調照顧者有義務提供完整的營養給小孩，而小孩要不要吃是他個人的選擇，因為如果他們需要，他們會自己選擇需要的食物。

除了飲食習慣外，學校有些課程規劃也讓我們很好奇，因為學校老師似乎每天都要花不少時間帶小孩到戶外作活動，只有在攝氏零下十度以下的天氣，他們才留在室內的體育館。因此小孩經常髒兮兮的回家，就連下雪的天氣他們還是每天出去玩，不過學校要求家長一定要給小孩充分的禦寒裝備，例如：雪褲、雪鞋、防水手套、帽子等。從這些課程與要求中，我開始思考他們的品德教育的目標。更有趣的是，我女兒在美國的時間經歷了萬聖節、感恩節、聖誕節、新年。然而很可惜他們學校並不過任何節日，因為學校強調不同文化種族有不同節日，因此他們不依照任何文化來過節，所以在學校從來不過任何節日。我在想也許他們相當強調中立客觀的教育態度，然而很不幸的因此卻讓我女兒失去一個機會，去體會美國傳統社會的萬聖節與具有豐富意義的聖誕節。

　　當我們回來臺灣後，我女兒正好有機會進入公立幼稚園。公立幼稚園的老師似乎也不像過去私立幼稚園那麼強調飲食習慣的養成，不過增加一個很特別的課程是背誦唐詩。老師似乎期待父母每天要要求小孩背誦幾次。不過我們經常忘記要他背誦，還好老師並不會因此處罰學生，只是她比其他同學少了一些獎勵。其實我也一直很好奇，為何要讓小孩子背那些遙不可及的詩詞。除此之外，在臺灣的幼稚園還有一個特別的活動，是經常要練習一些表演活動，似乎為了某些教學觀摩而設計的表演活動。其實在我女兒小班時，私立幼稚園也會因校慶或某些觀摩而不斷練習一些表演活動，不過這些表演活動的學習，在美國的幼稚園似乎從來沒有經歷過。另外，還有一個在臺灣幼稚園中很特別的活動是——玩具日。每禮拜有一

天是玩具日，當天可以帶自己的玩具到學校，而且要跟其他同學分享自己的玩具。我想學校主要的目的應該是要學生學習分享。起先我沒注意到我女兒很少在當天帶玩具到學校，直到有一天老師問她為什麼常忘記帶玩具來學校。我們開始很好奇，本來以為她可能較自私不願意跟同學分享才不帶玩具去學校，後來經仔細問她，她告訴我們因為很多人帶玩具去學校都會被弄壞，她不想自己的東西被弄壞，所以都不想帶去學校。因為本來只是要學習與他人分享玩具，可是對有些珍惜自己玩具的孩子卻要學習犧牲自己的玩具，可能代價的確是太大。其實教師常有些個人對品德教育的期待，但學生本身也會產生對教師的期待有不同想法。一樣的品德的學習對學生及對老師可能有完全不一樣的意義。

當然從這些不同學校的學習規劃或教學方向，可能無法真正的比較誰好誰不好，但這些規劃的確反映出我們對不同品德的重視。事實上，從學校對課程的規劃及教師著重的教學方向，多多少少反映出不同品德教育的期待或重視程度。其實任何教育的過程都可能在進行一種品德的教育，學校或教師常直接或間接呈現出他們對一些重要品德的期待。所以品德教育要面對的不是品德好或不好，而是我們相信那些品德是最重要，而且對我們是最有意義的。

在輔導中常發現，有許多人的問題可能出自於早期在家庭中或學校不恰當的學習，例如：對自我不恰當的期待、人際的互動習慣、對他人的態度。其實這些學習可能是直接經驗的獲取，因著與父母、同儕或老師的互動與教導而習得。當然也可能因著觀察他人的行為（特別是父母或重要他人），而學習該行為模式。在發展心理學的研

究發現常看到，小孩可能從媽媽的管教中學習許多價值信念，然而小孩一樣從爸爸與他人或外界的互動方式或行為模式中，學習許多價值信念。也就是父親如何對待他人，或對不同情境或事物的態度，常成為小孩價值信念的來源。所以即使父親可能較少參與子女的管教，然而他的行為與對外界的態度一樣可能影響小孩的價值與發展。我們的確可以看到許多品德的學習常建立在直接經驗與間接觀察的學習，然而如果這些直接與間接的經驗是矛盾或不一致的，對學習者可能造成更大的困擾。

建議閱讀相關參考資料：

1. Yalom, I. D. (1995). *The Theory and Practice of Group Psychotherapy* (4th ed.). New York: Basic Books.

2. Corey, G. (1990). *The Theory and Practice of Group Counseling* (3rd ed.). CA: Pacific Grove. Brooks/Cole Publishing Company.

3. 林孟平 (1996)。《小組輔導與心理治療》。臺灣商務出版社。

4. Yalom, I. D. (1989). *Love's Executioner*. New York: Basic Books.

5. Johnson, D. W., & Johnson, F. P. (2003). *Joining Together: Group Theory and Group Skills*. Allyn & Bacon.

第十一章
其他（藝術、遊戲或戲劇、肢體）的輔導觀點

第一節　基本概念及源起

　　心理輔導常被認為只能以語言溝通為主，然而語言的使用可能有其限制，特別是對一些族群，例如：兒童、心理創傷、認知或語言功能發展較慢之青少年、甚至語言表達能力較差的成人，他們對個人的狀況或感受，可能不易完全以語言來呈現。即使是對於一般人而言，雖然能以流暢的語言呈現自己，但有些人仍可能習慣以語言來包裝自己，甚至隱藏或偽裝自己。輔導者如果嘗試以不同形式的活動，例如：藝術的表現、遊戲的扮演甚至肢體的活動來進行輔導，常可讓參與者展現個人豐富的非語言訊息，及呈現更多面向的自我。而對於習慣以語言表達的人，更可從藝術、遊戲、或肢體的互動中獲得許多新的自我發現,也可能在無形中展現自我其他面向，或揭露自我內在心理狀況。對於藝術或遊戲相關治療取向其實還包含許多專業的理論與技巧,本文只針對這些治療取向作初步的介紹，希望提供給輔導者更多思考的空間來瞭解人的問題。

第二節　藝術治療

　　藝術治療是指使用許多不同的素材，例如：音樂、繪畫、圖片或照片、黏土等，來展現自我及表達個人感受，同時能探索及瞭解自我，從中處理個人心理的問題，及與他人互動的關係。本節主要

討論的是繪畫及音樂治療。

　　繪畫是人很自然的傾向，就像許多小孩都喜歡畫畫，也許從大人的眼光來看他們的畫，或許畫得不像或畫得不漂亮，但是他們還是喜歡畫，因為那是很自然的自我呈現。語言的表達常得考慮用許多字彙、文法規則、句子結構，但繪畫常不需考慮那麼多，它可以有許多想像、創造，也可以表達個人很豐富的情緒、或衝突的情緒，呈現個人的心理狀況。

　　特別是對兒童而言，個人狀況或情緒可能無法用複雜的語言來清楚的表達，但繪畫是很好的素材或管道來傳達個人的心理狀況。因此，兒童的繪畫可以成為很好的診斷工具，來瞭解兒童的心理狀況或內在情緒。當然這樣的管道也一樣適合發展中的青少年，甚至是有些心理創傷的成人。在心理評鑑中常用的羅氏墨跡測驗或是班達哥斯塔測驗 (Bendar-Gestal Test)，還有給兒童的畫人測驗 (Draw-A-Person Intellectual Ability Test)，都是以人在繪畫的表現或對畫的反應來評估個人內在的心理狀態。

　　繪畫的治療也常用來幫助個案處理內在情緒的困擾，從繪畫的表達中能覺察自己內在感受或情緒，進而瞭解這些情緒與外在行為的關係。在繪畫的表達中，治療者可提供個案選擇不同素材，例如：蠟筆、粉彩、水彩、彩色筆等來表達自己，因為不同素材可能適合不同需求的表達。從繪畫的表現可直接傳達許多個人的感受，而不用擔心所表達的是否恰當，或可能說錯什麼話。同時這些藝術的表現可在經過一段時間後，讓我們仍有機會重新來檢視不同時期自我的呈現，或再經歷創作當下的感受或心理狀態。不像口語的表達說過後，若沒有完整的紀錄，可能很快就消逝或忘卻了。

　　除此之外，音樂也是用來表達自我很好的素材或管道。音樂治療者除了以音樂為管道來調整個案的情緒或舒緩他們的心情，同時

也能以音樂來達到社會的功能或特殊的目的，例如：我們經常可發現，音樂在很多不同社會或文化團體的重要活動中扮演重要的功能，比如：教堂的詩班、慶典的樂隊、遊行的伴奏，或許多民俗文化的活動都離不開音樂，因為它可以發揮重要的功能。連許多商業廣告都以音樂為媒介來宣傳他們的產品，主要是它能提供深刻且有意義的信息。音樂的存在對於人或社會有重要影響，主要的原因在於音樂是很好的傳達語言，也提供很好的想像與思考空間。就像幼稚園中用許多音樂來引導兒童的行為，學校及各種團體也常用音樂達到團體的運作，連軍隊或球賽也用音樂來激發成員的士氣。

　　在心理治療中藉由音樂的冥想，也可引發許多自我想像或期待，同時也可能喚起早期相關經驗或潛意識層面的記憶。藉由音樂提供的場景或聯想，讓個案有機會再經歷或重新體驗相關經驗，甚至體驗自我創造出的新世界。筆者在教授諮商輔導課程或帶領團體輔導中，經常以音樂的冥想來引發個人早期的相關經驗，或作為團體的暖身階段的活動。從這些年的嘗試中，的確可以深刻的體會音樂在輔導中扮演很重要的意義。每次當音樂結束時，團體成員或學生經常可以從音樂中感受個人情緒的波動或引起許多豐富的體驗，同時它也可以帶給團體或班上不同的氣氛。在輔導中，音樂產生的獨特功能往往超過於許多言語的陳述，它的確是輔導過程中很重要的協助工具。

圖 11-1　無論是古典樂或是搖滾樂，都能引發被輔導者不同的情緒與體驗。

◎ 第三節　遊戲治療或戲劇治療

　　遊戲對小孩有許多重要意義，在認知方面提供他們知識的整合與建構，孩童常藉由遊戲獲得許多學習的機會，他們同時也會從遊戲中展現自己習得的知識，藉此可重新建構及整合該知識。在情緒方面，遊戲提供孩童情緒的宣洩與衝突情緒的處理。常見的現象，例如：孩童可能會怕醫生、某類老師、甚至一些鬼怪，他們常喜歡扮演這些角色，從這些情境中去經歷或檢驗自己的恐懼或內在衝突。在社會認知方面，遊戲可以提供孩童人際概念的建構，例如：遊戲提供不同角色嘗試的經驗，也促成不同角色的對話，同時整合不同角色及不同立場的經驗。因此，遊戲治療 (play therapy) 可以成為很好的輔導管道，輔導者不只可以藉由遊戲瞭解孩童的心理狀態，達到心理診斷的目的，同時也能藉由遊戲的溝通與互動，達到治療的目的。當然不同治療學派的處理方式有些差異，例如：以指導式或非指導式來進行。然而整體而言，遊戲治療蠻適合孩童，特別是語言功能較有限，或有特殊情緒無法表達完整的孩童。

　　戲劇一般而言也可以達到治療的目的。最常見且較有系統或理論架構的是心理劇 (psychodrama)，心理劇的方式是藉由團體的成員將自己的問題，以具體的行動展現出來，同時帶領者當導演，引導其他成員，來扮演與該問題有關的人物與場景。讓成員能從不同角色來感受自己的問題，同時與不同角色有對話的機會，藉由整個扮演與對話中，重新理解自己的處境與問題。通常進行的程序是先由暖身活動，再進入場景的活動，找出合適的主角，再由帶領者或導演從主角的問題與處境中，安排成員扮演不同角色及提供相關場景，以進行各種角色的嘗試與角色的互動。最後階段是由成員分享與討

論在劇中的體會與感受。

◎　第四節　肢體或舞蹈治療

　　肢體或舞蹈治療主要是藉由肢體的活動或舞蹈，幫助個案或成員能將身體及心理的感受聯結，以更進一步體會個人內在的心理狀況或感受。人的情緒與生理或肢體常有很大的聯結，例如，人的生氣、緊張、害怕或焦慮最直接的表達便是生理或肢體的反應，所以從生理或肢體的信息覺察，往往可以讓我們更清楚掌握自己情緒的狀態。肢體或舞蹈治療也用肢體或舞蹈，來自發性的表達個人情緒與感受。我個人曾經參與這些肢體表達的團體，他們直接以肢體來傳達自己的心理狀態，也藉由肢體來溝通。對我個人而言這是一種很特別的經驗，因為以前較少感受到原來人的肢體會說話。我們許多心理的狀態，例如：焦慮不安、緊張尷尬、悶悶不樂等等，都常常直接藉由肢體的行為中表現出來。當然有些人已習慣包裝自己或嘗試隱藏這些肢體的行為，不過儘管再多的行為修飾，我們的肢體還是會以其他方式傳遞個人內在的訊息。其實瞭解這類的表達方式的確可以彌補一般以語言溝通為主的輔導方式。好比在作心理衡鑑時，許多肢體的信息，例如：眼神接觸 (eye contact)、肢體動作，都是在評量中需要仔細記錄的有意義信息與資料。

圖 11-2　人的肢體動作，往往都表露出目前內在的情緒。

　　其實肢體除了成為溝通的管道，也讓我們在人際互動中留下深刻的記憶。記得以前曾經輔導一個青少年，他在回顧過去家庭經驗

中提到一個深刻的記憶，他記得小時候有一次做錯事，由於怕父母知道因此說謊騙他們。過去一直很溫和的父親知道後非常生氣，立即拿起棍子要打他，雖然他記得自己很害怕地拼命跑，不過也已經不記得父親說了些什麼或是否有打他，然而他一直很清楚記得父親當時的樣子。當時父親的肢體表現成為很重要的信息，告訴他說謊是不對的，他也許已經忘記父親說什麼，不過他始終沒忘記當下父親肢體表現所傳遞的信息。

◎　第五節　總　結

本章主要介紹一些不同的治療方式，當然有些治療方式由於個別差異很大，篇幅有限無法詳細介紹，有些方式也尚未形成完整的理論架構來看人的問題，他們較強調經驗性、體驗性及個人的創造性的嘗試，期待從這些嘗試中讓自己有更多的自我開發與成長。這樣的方式有其優點，但以心理輔導的觀點而言，這些治療方式缺乏以較完整或系統的架構來看人的問題、人的本質或改變歷程。儘管如此，本章的目的是想幫助輔導者，能以不同角度來看人的行為表現，也從多樣的管道來思考人的問題。

對本治療學派在心理輔導的使用與建議

藝術、遊戲或肢體的治療取向的確有它獨特的意義，藉由這些方式常可以發現許多人不同的面向，或個人心理真正的感受。特別對於語言表達較有限的族群，例如：兒童或發展較遲緩的青少年。在遊戲的表現或肢體的互動中，不只可以提供他們更多表達的管道，在這些情境中也可減少語言互動中的焦慮，讓他們能更自然與充分呈現自己。其實從另一方面來看，藝術及其他治療方式對於善用語

言能力的人也有幫助，因為好的語言能力讓我們學會包裝或掩飾自己，但這些包裝及掩飾往往在藝術及其他治療中被釋放開，並使我們對自己有許多新的發現。從過去筆者的觀察經驗中發現，有些主修心理或社工相關專業的學生，或是先前有些團體經驗的成員，在團體的分享或互動中，他們喜歡用相關的術語或一些抽象語言的描述來包裝自己，透過藝術、遊戲或肢體的方式可以減少這些現象，讓成員更完整地呈現自己完整的面貌。

然而對於非語言行為揭露的解釋或對其意義的分析，可能得仔細的斟酌，必須建立在相關理論的基礎上，否則會過度解讀其行為背後的意義。有些人的確擁有獨特的能力與特質，就像在心理劇的發展中重要的代表人物 Jacob Moreno，或是家族治療的 Virginia Satir，他們都是具有相當的敏銳度、自發性與創造性的人物，他們可以將心理劇或家族治療，因著個人特質或相關經驗發揮得淋漓盡致。然而並不是每個人都擁有這樣的訓練或相關特質，因此藝術、遊戲或肢體的這些治療取向可以成為輔導者用來瞭解個案的管道。然而若要用來作輔導或治療，可能得考慮輔導者的專業素養，否則任意對被輔導者的肢體及行為反應或對於其藝術表現的作品，作過多的解讀或聯想，造成的負面影響可能遠超過正面的影響。

 問題討論與思考方向

一、兒童常喜歡角色扮演、畫畫、沙土遊戲、跟著音樂唱唱跳跳，你是否有注意到這些活動對他們的意義為何？你是否仍然跟他們一樣有這些行為表現？如果這些行為已不常出現你覺得為何它們會消逝？

二、語言是大多數人習慣表達自己的一種工具，除了語言你會用什

麼方式表達自己？特別當你難過、焦慮或生氣時，你如何以非語言的形式表達你自己？你覺得別人可以瞭解嗎？你是否可以以其他形式來表現自己？

三、輔導者常需要多加瞭解與掌握被輔導者真正的感受或想法，在輔導的過程中，你如何掌握被輔導者在晤談過程中非語言的信息？你如何確信你的觀察是有意義的，而不至於過度解讀？

四、許多人可以從影片的欣賞、樂器的表演、音樂的欣賞及繪畫創作、或是一些球賽的競爭中或運動練習中，適當的宣洩或處理自己的情緒，你是否曾使用這些活動來處理自己的情緒，或表達自己的感受？你認為這些方式是否有其優點或限制？你覺得這些管道與接受專業的輔導有何不同意義？

五、從畫人測驗、主題統覺測驗 (Thematic Apperception Test)、羅氏墨跡測驗等，都試圖以繪畫或對圖畫的反應來評量一個人，這些評量工具為何可以用來作心理診斷的工具，如果你也考慮用相關方式來瞭解一個人的心理狀態，應該具有那些條件才會使這些評量工具更具有意義？

建議閱讀相關參考資料：

1. Gardner, H. (1973). *The Arts and Human Development*. New York: Basic Books.

2. Moreno, J. L. (1934). *Who Shall Survive? A New Approach to the Problem of Human Interrelations*. Washington, DC: Nervous and Mental Disease Publishing Co.

3. Piaget, J. (1962). *Play, Dream and Imitation in Childhood*. New York: Norton.

4. Bretherton, I. (1984). *Symbolic Play: The Development of Social*

Understanding. Orlando, Florida: Academic Press, Inc.

5. Axline, V. M. (1981). *Play Therapy: The Inner Dynamics of Childhood*. Ballantine Books.

6. Landy, R. J. (1994). *Drama Therapy: Concepts, Theories and Practices*, 2nd ed. C. C. Thomas Publisher.

7. Dayton, T. (1994). *The Drama Within: Psychodrama and Experiential Therapy*. Deerfield Beach, Florida: Health Communication, Inc.

8. Waller, D. (1996). *Group Interactive Art Therapy: Its Use in Training and Treatment*. New York: Routledge.

9. Holmes, P. (1992). *The Inner World Outside: Object Relations Theory and Psychodrama*. New York: Routledge.

10. Holmes, P., Karp, M., & Watson, M. (Eds.) (1992). *Psychodrama since Moreno: Innovations in Theory and Practice*. New York: Routledge.

11. Karp, M., Holmes, P., & Tauvon, K. B. (Eds.) (1998). *The Handbook of Psychodrama*. New York: Routledge.

12. Bradway, K., & McCoard, B. (1997). *Sandplay: Silent Workshop of the Psyche*. New York: Routledge.

13. Winnicott, D. (1971). *Play and Reality*. New York: Basic Books.

3 實務篇

第十二章
心理輔導在學校的落實──問題解決導向

◎ 第一節　基本概念澄清

　　學校對輔導工作常有許多期待，當學校出現有些難處理的問題學生，常第一個想到的就是輔導中心或輔導室，希望輔導單位能盡快幫助或改變這些學生。其實這期待背後往往是將過去訓導的角色，直接加諸在輔導的功能。事實上，過去訓導用的是直接的獎懲或權威的干預與遏阻，嚴格說起來這也是一種輔導方式，而使用方式比較類似行為學派的輔導模式。這種方式雖然會產生一定的效果，特別是對行為偏差的問題學生能立即的遏阻或減少偏差行為的出現，然而它可能付上的代價，卻是師生關係的破壞或引起學生更多的憤怒與恐懼，甚至對權威的不信任。更重要的是，當外在控制或獎懲不存在時，這些問題行為可能會繼續出現。因此很有可能當學生離開學校或畢業以後，這些問題行為反而成為社會的另一個問題。

　　因此，目前教育的趨勢是以人性化或多管道的輔導方式，取代過去的權威式的訓導模式。然而，輔導本來就是多元且費時的，從心理衡鑑來瞭解個案，到協助個體的學習與改變，整個過程可能是個漫長的歷程，因此無法像過去的訓導工作一樣立竿見影，這也常使輔導工作在學校因短期的效果不彰，而承受很大的壓力。其實以輔導取代威權的管理，也許對學校本身沒有立即受益，反而承受更多的負擔，但這對社會及青少年發展有很大的幫助。大家可以試著想想，在過去的嚴格管教下，也許有些行為偏差的學生，在學校暫

時減少偏差行為的出現，但是課後甚至畢業後這些偏差行為反而可能有增無減。所以學校輔導的目標不應以學校減少問題學生為目標，而是以如何促進青少年發展，及維持社會整體利益為主要目標。

從發展心理學來看學生所呈現的問題，有些是發展中自然的現象，因此對兒童及青少年發展的認識，常成為很重要的輔導基礎。把個體發展的任務 (developmental task) 當成問題來處理，可能對個體的發展有負面的干擾。就像青少年在尋求自我角色與定位時，對權威的角色可能會質疑，在質疑中他們試圖重新理解權威對他們的意義。透過這些摸索與嘗試，常有助於他們對自我角色與定位的學習。如果輔導者太快以「不尊重師長」或「找麻煩」來標籤他們的行為反應，反而抑制了青少年發展的可能。因此，從發展的角度來瞭解學生的問題是輔導中很重要的工作。

從另一方面來看，學生所呈現的問題，有時反映的是家庭系統或學校系統的問題，而不單純是學生個人的問題。輔導者要確定自己在輔導中的角色，因為家庭的系統或學校系統的改變，可能已超出輔導者所能處理的範圍。不過，對於家庭或學校系統所衍生的問題，輔導者並非沒有任何著力的空間。其實大部分系統的形成有其脈絡及穩定性，往往對於系統中任何個體的任意改變，產生很大的抗拒。筆者在處理有關家庭關係的個案中常發現，有些個案已很努力在改變自己，也試圖調整自己與父母的關係。然而努力的結果往往更挫折與無奈，因整個家庭系統，不只不重視個案的努力與付出，事實上它完全抗拒成員進行任何改變。面對這些系統的結構所帶來的問題，常得重新協助個案真正瞭解自我改變的意義。就以家庭關係為例，青少年可能無法改變他們的父母，或要求他們立即轉變。但在輔導過程中，他們可以試著從不同面向來理解他們的父母，因為人們往往因著不同的理解角度而產生不同情緒或行為反應。當然

我們不是要合理化父母的不當行為，重要的是讓青少年瞭解事件發生的可能與脈絡，而不至於一直活在過去的恐懼或憤怒中，進而讓他們的行為不再一直受父母過去的教養態度影響。更重要的是，讓他透過對過去事實的瞭解，使得在未來的人際互動不再籠罩在這些早期經驗的陰影下。

　　從上述幾方面來看，輔導工作在學校系統的確常得面對許多困境，由於承受學校期待輔導工作能立即有效解決學生問題的壓力，同時又面臨有些問題是家庭或學校系統所引發的，因此輔導工作確實有其複雜性，往往讓輔導工作在學校的運作上面臨不少困境。在此，我們試圖從不同角度來思考輔導工作在學校的落實。

◎　第二節　在輔導室的落實

　　對於學生所出現的心理問題可以從許多不同角度來思考，從前面幾章不同的心理輔導理論，可以提供我們對學生的問題進一步的理解與建構：從心理分析取向中強調行為背後的內在心理機制及潛意識對人行為的影響。從人本學派中強調人內在成長力量與無條件關懷與接納對人成長的意義。認知行為學派強調人的信念與思考對人行為的影響。還有行動取向強調瞭解自己的需要與個人的責任，藉由實際的行動與付出來滿足自己的需求。團體的活動與輔導是瞭解人的問題或提供不同形式的學習，藉由團體的互動與激發的動力，讓自己有機會重新瞭解自己與檢視自己的問題。藝術及相關治療更進一步提供不同管道來觀看人內在的世界，從非語言的自我揭露來瞭解人的另一個面貌。這些不同的思考架構，是提供輔導策略的基礎與對學生問題處理的依據。

　　然而輔導室常得面對由導師或其他處室所轉介過來的學生，這

些個案接受輔導的動機較有限。同時輔導室經常得配合教育相關政策推動一些活動，例如性別平等、生涯發展等活動。輔導室除了配合導師或學校政策，應該更積極面對學生的問題，並針對問題，從輔導專業處理或理論架構，提出更有意義的理解或進一步的詮釋。透過這個詮釋或理解，可提供我們對學生問題多元思考的不同面貌。就像一個生病的人，他帶著許多身體的不適或心理的不舒服或症狀到醫院，醫生從其專業來判斷這些症狀或不適，並推測其對身體狀況或生理功能可能的意義為何。輔導室若無法發揮此功能，它可能只在扮演學校政策的配合單位，或是教師工作的協助者。因此，從輔導專業對學生問題的解讀，是輔導過程中很重要的第一步，而整個解讀歷程，還包含多方面的輔導專業處理，除了從測驗的施測與解釋、個別晤談與諮商、團體活動或諮商都可能提供我們對學生問題的解讀。輔導室不一定可解決所有問題，但要透過輔導專業的角度來瞭解問題。當學生的問題重新被理解或詮釋以後，接下來便是如何透過個人或團體諮商來輔導學生，或進一步結合學校系統或導師來協助處理學生問題。若是家長也願意投入及配合，將更有助於輔導工作的進行。

◎ 第三節　對導師的意義

導師常得直接面對學生的心理問題。心理問題常牽涉許多層面，例如：個人發展的問題、生理引發的問題、學習問題、同儕關係、師生關係、學校管教、甚至家庭問題的延續。有時候學生的問題可能同時也引起該班班級經營的問題，就像因學生問題而引起同學之間的衝突或糾紛，或造成其他同學學習的干擾，或有時候教師本身的管教或行為與學生問題有些關聯，例如學生的問題已造成師生的

衝突，或彼此之間的嫌隙，學生可能無法信任導師，因此往往使導師在處理這些問題時更加複雜。如果導師本身與學生問題有關聯，或因過去的互動經驗中，學生無法真正信任該導師，這時候導師可能不適合直接介入學生問題的處理，應交由輔導室或其他相關單位來協助處理。

由於導師本身並非都曾接受輔導相關訓練，短期的輔導知能課程或工作坊對於輔導專業的養成仍有其限制。因此，導師參與輔導工作應衡量本身專業的素養，及學生問題的嚴重程度。此外，導師對於學生的行為模式及性格特質應有定期的觀察與記錄，若學生的問題只是一般生活的適應或未來的升學或生涯規劃，也許導師可以提供相關資訊的諮詢，或在一般管教中提供好的壓力的因應模式或建立多管道的生活調適的策略，甚至協助學生養成好的生活習慣來維持心理及生理的健康，同時也可以提供社會支持的力量，提供學生因應壓力的資源與支持的力量。

導師若發現學生有嚴重心理或情緒問題、暴力問題或家庭問題，建議先由輔導中心作初步診斷與瞭解，以提供適當的輔導策略，除了在輔導室接受的諮商輔導外，導師可配合輔導中心作一些觀察及配合工作，以瞭解學生在輔導過程的狀況，適當的回饋給輔導中心，以幫助學生更好的學習。以目前學校的制度，學校與家庭的聯繫常得借助於導師，因此若需要，導師可配合輔導專業人員，使其適當瞭解學生在家裡可能的狀況，以更清楚掌握對學生的輔導成效。從不同角度來輔導學生，往往可以提供學生更好的學習成長環境。然而這類學生的問題往往已超過導師專業能力範圍，所以導師應該是協助者，而由專業人員來負主要責任。

◎　第四節　在學校的角色與定位

　　學校對學生問題的協助，主要從行政資源及學校系統整合為目標。不論輔導室或導師在處理學生問題常有它的限制，可能在專業或人力上都會面臨一些困境，例如：遭受過長期家庭暴力或性虐待的學生，常得需要社工人員、心理師或法律顧問相關專業人員來處理，直接由學校教師來處理可能有其困難與危險性，或因而造成更多的問題或傷害。另一方面，對於精神疾病或暴力或自傷傾向的個案，臨床心理師或醫療人員的協助常是必須的。藉由專業的協助可減少老師不必要的壓力，或引起不必要的傷害。學校如何提供有效的資源來協助學生問題的處理，常是行政主管很重要的職責。透過學校與其他機構長期的合作，或藉由約聘人員來提升學校專業的資源，都可以讓學校對這些問題的處理更有效率。學校主管應該要能體認，許多心理的問題或精神疾病，不能只要求老師以愛心與耐心來處理，而是要提供專業的協助才能真正有效的處理。

　　學校對於內部資源的整合及運用也可以提供有效的輔導方式。例如：對於危機問題的因應模式，學校應該有完善的配套措施，好比：性騷擾事件或校園暴力問題，學校如何配合不同單位及層級來處理這些問題，都該有明確的規劃。無論是學校師生或主管，對這些處理流程也應該有一定的瞭解，以保障當事人的權利，同時減少相關事件對當事人及學校其他人員的傷害。同時對於事發後的處理及輔導室在其中所扮演的角色，都應以輔導專業的角度來進一步規劃，以避免有些單位將問題推卸給他人，認為事不關己，這應該是學校主管的重要職責。

　　對於輔導室對個案的處理或導師的輔導工作，從輔導專業的角

度來看，的確需要督導來協助專業成長，及問題處理的調整與諮詢。以輔導室的專業需求來看，輔導老師在面對不同個案時常需要專業的諮詢，因此輔導室舉辦定期的個案研討是幫助輔導老師專業成長很重要的管道，學校如何提供這方面的資源或配合，對於輔導工作的發展有很大的影響。此外，督導制度的建立是目前學校輔導工作迫切的需要。目前常見理想的模式是以引進社會相關資源，例如：提供心理衛生諮詢服務，來協助學校專業成長。學校需要固定的心理師或社工師的編制，來落實心理衛生工作的推動。就像學校需要護理人員或營養師來提供學生身體的健康，一樣的，學生也需要學校心理師或社工師來協助學生心理的健康。

　　另一方面對於導師的工作也需要透過專業督導的諮詢與協助，筆者發現有些不適任導師，其實不是因為他們不關心學生或不盡責，而是其個人輔導專業素養不足。糟糕的是，他們又缺少專業督導提供諮詢及協助。在這種缺少專業素養及專業督導的困境中，常常學校會藉由行政主管會來協助這些不適任導師，但是很可能相關主管也缺少專業訓練，例如：常見的是輔導主任並非輔導專業教師擔任，甚至學務主任或教務主任也缺少輔導專業的訓練，由於本身專業素養不足，因此在協助這些導師的過程中，無法以專業的角度來思考這些不適任教師問題，往往可能愈幫愈忙或增加更多問題或麻煩。

　　輔導工作對於發展中的青少年及學童扮演很重要的角色。學校對於輔導工作重不重視可能短期之內影響有限，然而長期的累積可能會造成學校很大的傷害。就像一個家庭中的每個成員各忙各的事，一直缺少溝通及良好的互動關係。也許短時間可以相安無事，但整個家庭的關係可能因此而無法發展，或當有外在事件衝擊時，很容易造成無法避免的傷害。筆者曾經參與學校評鑑也訪視過不同的學校，其實學校對輔導工作的重視與否，多多少少會讓人感受到不同

的學校氣氛。筆者曾經拜訪一個學校，校長以組織再造為理由裁撤學校輔導室與輔導組，在學校兩天的訪視中，幾場座談會中筆者一直感受到學校隱藏的火藥味，學校同仁之間似乎缺少一種信任與尊重。筆者相信一個主管若不重視輔導工作，他一定無法辦好學校，因為他可能不關心人的問題，或是他覺得不需要以專業角度來瞭解人的問題，相信他終究要為他的選擇付上一定的代價。事實上，人的問題若不恰當的處理，常常不會因時間久了就逐漸消逝，反而因時間的累積形成更複雜的問題。學校應該要有恰當的機制來處理人的問題或建立一個因應模式，這樣學校才能發揮其功能，也讓學校的學習情境不受這些問題的干擾。

 問題討論與思考方向

一、處理人的問題常帶給自己許多的無奈與挫折，你如何去面對這些挫折？在學校或你周圍的人當中是否有人可以幫你面對這些問題？

二、我們常發現人需要面對許多問題，無論在學生身上或老師本身，你覺得為何會產生這些問題？以教師的角色要如何面對這些問題？從不同治療學派來理解人的問題可能會有很大的差異，你覺得那個學派與你的觀點最接近？為什麼？

三、你在處理人的問題中最常面對什麼困境？那一類的問題帶給你最大的衝擊？你覺得這些問題與你的特質或習慣是否有相關？

四、你如何處理自己的心理問題？若這些問題可能已超過你能處理的範圍時，你如何尋求解決方式？

觀念補給站

心理輔導與道德教育㈠

臺灣近年來受到多元文化的衝擊，許多價值信念常夾雜著似是而非的觀點，似乎許多事變成沒有一定的好壞或對錯的價值判斷。對於許多過去的傳統規範也逐漸在消逝中，甚至對於父母或師長的權威及社會公權力的伸張都受到許多的質疑與挑戰。建立社會的基本價值、學習是非的判斷、體認規範的重要及功能、甚至權威的意義及其對個人發展的影響都是很重要的教育議題。隨著時代的改變，什麼樣的道德規範要改變或調整，那些道德價值不因時代改變而丟棄，成為教育工作者很需要思考的議題。

在教育體系中，由於許多規範的改變，例如：髮禁的解除、體罰的禁止、入學的多元化等，許多道德規範似乎被認為只是相對的原則而沒有一定的對錯。然而近年來的教育改革，並未對道德及價值教育有積極的反省或作為，九年一貫課程綱要也忽略了將道德及價值教育完整地納入規劃之中。於是，許多學者反對過去傳統的形式主義及教條主義的教學，強調應將道德及價值教育以融入的方式結合於各個學習領域之中，然而融入式的教學似乎成為另一種口號，其是否發生實質的意義與影響？很難有全面性的答案。其實，這其中主要的原因是，我們並沒有深入瞭解與探討道德及價值教育的內涵與意義，以為只要放棄過去的形式主義及教條主義，就能讓道德及價值教育自然發展，而學生會從生活中自我建構與瞭解。然而，這可能是對英國的夏山學校 (Summer Hill School) 或對盧梭

(Rousseau) 的《愛彌兒》(*Émile*) 書中的過度想像或刻板的理解，其實道德及價值教育從亞里斯多德 (Aristotle) 或柏拉圖 (Plato) 時期就有許多論述，不管是盧梭或是亞里斯多德，他們可能對人的本質或期待都有不同的立場。特別是在美國學術領域，從近幾十年來對於道德及價值教育的探討與瞭解，及文獻與實務上深入的對話，應該可以提供我們更多的思考空間。

有趣的是，這幾年來臺灣又開始強調品德教育，例如：高雄市教育局、政治大學、靜宜大學等，都先後成立了相關的中心或出版相關刊物，甚至中小學也積極規劃相關課程來推動品德教育。在這些規劃中常被提起的概念有 "the Six Pillars" (Ryan, 1989) 及 "the Eleven Principles" (Likona, Schaps, & Lewis, 2002)。整體而言現階段推動的品德教育，應該是融合了過去傳統的品格教育及後來的道德教育，所產生的新的教育方向。過去的品格教育 (character education) 著重在良好習慣的培養與對社會基本價值的尊重與接受，而道德教育 (moral education) 則偏重個人的道德判斷與思辨，及個人在道德方面的自我建構與抉擇。早期品格教育的立場受涂爾幹 (Durkheim, 1925) 在道德教育上的影響頗多，涂爾幹強調道德教育的主要目的是建立個體對團體的情感連結 (emotional attachment)，同時學習尊重社會規範及權威。然而對於皮亞傑 (Piaget, 1932) 而言，道德教育的目的是建立自主的 (autonomous morality)、非他律 (heteronomous morality) 的道德，自律的道德是在平等的互動中 (reciprocal interaction) 建構出個人對規範的理解與認識。皮亞傑認為涂爾幹的道德教育無法提供學生思辨的歷程與自我建構的機會，因學習者缺

少平等互動的基礎，無法真正瞭解對錯，或作理性的抉擇。皮亞傑的觀點對後來道德教育有很大的影響，特別是強調以學生為中心 (student-centered) 或自我價值建立的道德教育取向，當然這其中有一部分也受到 Carl Rogers 的人本主義或 Dewey 的教育理念所影響。

從 1960 年代起，美國學術界對道德教育有許多新的思考，主要的人物如：Kohlberg (1969) 的道德發展與 Just Community Approach 的道德教育觀點或是 L. Rath 及後續 S. Simon, H. Kirschenbaum (Rath, Harmin, & Simon, 1966) 所提倡的價值澄清法 (value-clarification) 教學取向，其道德教育的主要目標是建立在理性的思辨，與個人對道德信念的自我建構。其中，Kohlberg 的論述有很大的貢獻，他認為道德的行為應該建立在理性的判斷基礎上，如果一個人作好事只是要討好權威或他人，或只是因為害怕被懲罰，這樣的道德行為其意義是有限的，在自由意志與判斷基礎之下的道德行動，才是真正的道德行為。因此，Kohlberg 相當強調道德的思辨歷程，特別是在一個道德的困境中如何作抉擇，例如：救人是好的，偷竊是不對的，然而要不要為了救人而去偷竊？在這種困境的思辨中，逐步發展真正的道德理解。在兩難的思辨中，其實，Kohlberg 關心的是在這些衝突中個體如何思辨，其思辨的理由及其歷程，比只是「要或不要」的答案更重要多了。Kohlberg 認為個體的思辨有其發展的階段與歷程，從早期兒童時期以自我為中心的滿足，或以獲取獎勵與逃避懲罰的動機，進入青少年時期後逐漸以團體的期待或社會規範及角色的思辨為基礎的道德判斷，最後能跳出自己社會

的脈絡的限制，從不同社會的脈絡來思考道德問題，逐漸形成以道德原則為基礎的道德思辨來理解道德的問題。基本上 Kohlberg 區辨這些階段，主要的區分層次是以社會規範 (conventional) 為基礎，從社會規範前期 (pre-conventional) 進入社會規範期 (conventional)，而最後進入後規範時期 (post-conventional)。Kohlberg 認為過去的道德教育以社會化為主要的目的，然而社會規範雖然可能有其文化基礎及歷史的脈絡，可能無法成為道德主要的依據。不同文化的傳承可能有其相對性的意義，也無法成為普遍的道德基礎，例如：對不同性別、種族或宗教態度的差異，最直接的例子，可以看到在中國傳統社會中，男尊女卑的思考導致對女性的不公平對待；或是以漢民族為中心的思考，將異族視為非人類的族群，因此強調「壯志飢餐胡虜肉，笑談渴飲匈奴血」的岳飛胸襟，可怕的是，吃喝異族的血肉竟成為英雄的壯志與理想。這些問題的出現，主要是將道德原則建立在有文化偏好基礎的道德原則上。Kohlberg 認為道德教育最終的目的應該在建立普世原則 (universal principle) 的道德基礎，這是他早期對道德發展及道德教育主要的關心焦點，因為有些文化或社會以自我文化及規範為基礎，然而以這樣的基礎為思辨的準則，卻可能成為其他族群的傷害，對於擁有猶太人背景身分的他，應該可以深刻體會到因著自己民族的優越感，所形成的道德思辨，很可能會造成對另一個族群的傷害。

　　Kohlberg 的理論從 1969 年在 Harvard University 就產生很大的影響，直到 1987 年他過世為止，甚至最近出版的 *Handbook of Moral Education* (Power, Nucci, Narvaez, Lapsley, & Hunt, 2008) 及

Handbook of Moral and Character Education (Nucci, & Narvaez, 2008) 兩本書中，都可以看到以他的理論作為重要基礎。Kohlberg 的主要影響，除了對道德理由與思辨的強調，或以道德原則的教育基礎及道德發展階段外，他對道德思辨的分析與評量或是以 Just Community Approach 的實際落實道德教育的嘗試，都對道德教育有很大的貢獻。在道德思辨的分析與評量中，Kohlbery 和他的工作夥伴發展一系列評量依據，從其評量中我們可以更瞭解其理論的真正內涵，也能體會不同階段的真正意義。另一方面在 Just Community 的嘗試中，Kohlberg 更將他的理論與實際的道德教育結合，讓他的理論是可以實際執行而不只是紙上談兵。除此之外，Kohlberg 對其他道德發展及道德教育的理論也有很大的影響，例如：C. Gilligan。Gilligan 是 Kohlberg 早期工作夥伴，她後來的著作 *In a Different Voice* 以女性的道德思辨為主題的理論，也是建立在長期跟 Kohlberg 一起分析及探討道德思辨訪談中的發現，他們之間的對話與思考其實對道德教育的發展有很大的影響。Kohlberg 對公平 (Justice) 的關心及 Gilligan 對關懷與責任 (Care and Responsibility) 思考脈絡的強調，成為 Nel Noddings 的道德教育基礎。Noddings (1984, 2002) 的關懷與道德教育也對目前的道德教育具有很重要的影響。

　　Kohlberg 於 1987 年過世，之後有許多學者對道德發展與道德教育提出新的觀點與研究。就比如，以 E. Turiel 為代表的 Social Cognition Domain Theory (Nucci, 2001, 2005; Turiel, 1976)，他們強調不同的道德領域 (moral domain) 有不同的意義，道德有其普遍的意

義，兒童在早期就能瞭解這些規範是重要且不能任意更改，社會規
範 (social conventional) 或個人 (personal) 領域可能因著文化或環境
而有個別差異，這些規範的存在可能有其特殊的目的或意義，因此
它是可以被改變的。還有強調道德情感或情緒的相關研究，例如：
Nunner-Wrinkle (1988) 或 Arsenio (1995) 等人的研究。他們強調道德
發展的研究不只在道德認知，應該同時瞭解道德的情緒。道德的情
緒可能進一步影響道德的動機與行為。除此之外有關道德認同方面，
Kohlberg 的長期工作夥伴 A. Colby 延續 Kohlberg 的理念在 *Some
Do Care: Contemporary Lives of Moral Commitment* (Colby, &
Damon, 1992) 書中也有進一步探討道德的行動與道德的認同的關
係，這本書主要的目的是從美國各領域中，找出二十多位長期投入
道德相關工作的人物。從他們的思考與成長歷程中，瞭解他們為何
能堅持與執著這些道德理想。藉此希望能真正瞭解影響道德行動的
可能因素。事實上 A. Blasi (Blasi, 1984, 1993) 早期就對於道德認同
(moral identity) 提出個人的觀點，近年來更成為研究者的興趣，例
如：Lapsley & Narvaez (2004)。他們主要的關心點是瞭解為何有些
人，能將道德原則納為自我的一部分，他們不只接受而且認同該原
則，這些原則成為他們的重要價值信念。從這個角度來看道德教育，
道德認同才是道德行動的來源，而不是道德判斷，因為認為是對的
行為可能不足以成為個人行動的來源，有可能我們會認為這些行為
對我不重要或與我無關。

　　其實這些後續的研究主要是要瞭解如何提供有意義的道德教
育，讓一個生命在成長中能真正學習好的道德原則，幫助他們能有

更好的發展。然而從道德教育或發展的脈絡來看，社會不斷的發展與改變，同時也可能影響我們對道德教育的觀點，另一方面，我們對人發展的更多認識與瞭解，也會影響我們對道德教育的思考。上述介紹道德教育的發展脈絡不是要評論誰是誰非，重要的是我們能否從過去的經驗中瞭解他們的嘗試與努力。對過去的認識與瞭解常提供我們更多的智慧，特別是體會人的豐富與可能。

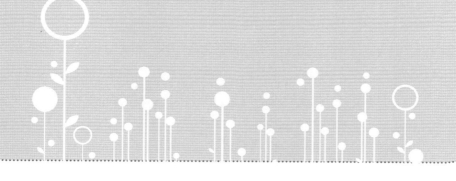

心理輔導在學校的落實──自我成長導向

◎ 第一節　基本概念澄清

　　輔導的任務應該以幫助個體自我成長，或是以自我的開發為目標，而不應該完全以問題處理為主要目的或輔導方向，事實上，學校輔導的工作，過去都偏重以處理學生問題為主要目標，因此到輔導室的人常被認為是有問題的學生。所以輔導只是成為某些人的需要，這樣的方式不只無法積極發揮輔導多方面的功能，更將窄化輔導工作存在的目的與意義。

　　協助個體自我的成長是輔導工作中很重要的目的。從不同的治療學派中，對人的發展期待或治療的目標，更讓我們清楚看到這些期待。就從最早期的心理分析來看，他們的治療目標之一是增強自我 (ego) 的功能，讓一個人面對外在世界的方式或態度，不是建立在生理的我 (id) 的需求滿足上，或是由內在潛意識所主導。因此適當處理及面對生理的我，及讓更多未處理的潛意識逐漸成為自我覺察的意識層面是很重要的治療目標。一樣的，可以看到人本學派中，Rogers 強調發展成為一個人 (on becoming a person)，或具有全功能的人 (fully functional person) 都是他對自我成長的期待。Maslow 也一樣強調自我實現或高峰經驗 (peak experience) 都是對人發展理想的建構。甚至在認知行為學派中，Ellis 強調理性信念的建立及非理性想法的駁斥與區辨，同時去除教條僵化的信念，讓自己更有彈性接納人的有限。另一方面在現實治療學派中，他們強調人的選擇及

生命的責任，重視人的行動與付出，都充分反映出自我的成長與開發在輔導中是不可缺少的一部分。

　　另一方面，從青少年的發展理論也可以提供我們對自我成長的思考。從早期的哲學家柏拉圖強調青少年應學習理性及批判的思考，能真正區辨真實 (truth) 與個人意見 (opinion) 的差異，或是亞里斯多德也認為青少年應學習作好的選擇，及培養個人的特質。從心理分析學派中，Erikson 認為青少年是追求自我的定位與角色，透過個人的不斷探索與角色的嘗試，逐漸清楚自己的定位，同時能真正投入及委身在這些角色，以瞭解自己真正的定位，這樣的學習是未來親密關係的維持與愛的付出基礎，同時也影響未來學習建立家庭及關照下一代及個人生產的可能。近年來的學者例如：Paul Kegan 從另一個角度來看青少年發展的任務，他認為青少年時期是個人意義的追求，或是建構道德發展理論的 Laurence Kohlberg，他認為青少年是個哲學家，他開始重新理解社會化的意義，從對社會的融入與社會系統的理解，逐漸發展成從不同社會脈絡來瞭解道德的問題，最終能建立一些普世的道德原則，以這些法則為道德判斷與行為的依據。這些學者嘗試從不同的思考架構，來建構青少年發展的目標與方向。這些發展的任務與目標，也可以提供輔導者對青少年輔導的基礎或輔導的方向。

◎　第二節　在輔導室的落實

　　近年來，學校已將自我成長的議題融入一些相關的主題，比如：從早期強調自殺的防治，進而逐漸發展為最近一直強調生命教育的議題，讓學生學習對生命的探索與瞭解，同時學習對不同生命的尊重；兩性教育也從消極的防治性騷擾，更進一步強調對不同族群的

尊重與接納。近幾年更以規劃友善校園及品德教育，強調對人的尊重與對人自我發展的開發。這些主題常由輔導室來規劃及推動，同時配合相關課程來積極的推廣。輔導室有責任對這些主題以專業的角度提出具體的規劃，同時對這些主題有更多的探討及觀念的釐清，以免讓這些重要議題流於形式或口號的政策。

長期以來，學校認為健康是學校教育中很重要的部分。過去學校要瞭解學生健康狀況會從身高、體重、視力、蛀牙的檢查到糞便檢查，以瞭解學生身體的問題或健康狀況。近年來，更積極推動體適能的檢查，以確定學生是否健康。事實上，過去身體的健康是以身體有沒有問題或不適，來看學生的健康狀況，因此學校的保健室是用來處理受傷或生病的學生。然而，近年來，從體適能的觀點則積極強調身體各功能，例如：肺活量、肌力等有否達到理想的功能，因此，學校的保健室已從消極的問題防範到積極的促進個人的身體健康。

同樣的，輔導的工作也一樣要從過去針對問題的處理進入更積極提升心理的體適能層面。心理的體適能至少需要包含：自我的認知與情緒功能、自我的覺察及自我評價、對他人的理解與人際互動的方式、對於不同族群（例如：性別、年齡、種族等）的認識與態度、認識不同團體（例如：家庭、班級、學校及社會）存在的目的與功能，及個人面對這些團體的方式。輔導室先要對學生這些發展的向度作初步的評量，以確定學校學生目前發展的狀況。除了與一般課程結合外，還要從心理的體適能的指標，設計出相關系列的課程或活動，以促進學生達到真正心理的健康。

促進個體發展的輔導工作，常需要一定的時間與代價。有時候短時間可能無法出現具體的成果，而需要有長期及系統的規劃。就像要有健康的身體，可能得藉由每天的運動及好的飲食與生活習慣

慢慢培養，不可能用補藥或偏方就能讓一個人在短期內擁有健康的身體。因此，若無法規劃出中長程計畫，這方面的輔導工作不易達到。

第三節　對導師的意義

　　一般學校中，導師與學生的互動應該最頻繁，瞭解學生最多的應該是導師。然而長久以來在學校系統中賦予導師多種角色，讓導師同時扮演社會化學習管教者，例如：教導遵守學校校規、協助參與學校活動等，另一方面也扮演知識與經驗的引導者，例如：注意學生功課、學習態度等，當然也被期待扮演情感與人際學習的輔導者，然而這些角色可能有不可避免的角色衝突，也受限於導師是否具備專業輔導素養，例如：對於情緒的處理或壓力的因應，老師可能會以個人的經驗或相關的觀察提供學生建議，而忽略自己的經驗並不一定適用於所有的人。特別在情感與人際學習的輔導者的角色上，若缺少專業素養，可能會因太強調社會化學習與知識學習或功課表現的重要，而忽略情感與人際學習的意義。

　　教師對於學生自我發展的期待是什麼，需要作清楚的釐清。其實一般教師常透過班級經營的模式或師生互動的方式，及對教學的態度多多少少都已呈現他對自我成長的期待。例如：有些老師強調學生要遵守規定、用功讀書與熱心班上事務；有些老師則期待學生的自發及責任，或強調分工合作及彼此幫助。老師或班上導師常從他對班上或同學的態度來告訴學生什麼是理想的自我成長。更重要的是，學生不是從老師在課堂上說什麼，而是從老師的行為表現及對人、事、物應對方式來理解老師本身對理想自我成長模式的期待。所以老師本身要清楚知道自己對自我成長的真正期待是什麼，否則

他可能將一些不恰當的自我期待的理想強加在學生身上。

　　教師除了要清楚知道他本身對自我成長期待的理想模式，更重要的是要瞭解如何協助學生達到自我成長的方向。自我的成長與改變需要靠一定經驗的累積與學習歷程，所以常常要付出相對的代價。有時候我們期待青少年學習作好的抉擇，然而我們卻很少給他們機會作選擇，可能我們擔心他們作出不恰當的選擇或錯誤的決定，因而常常提出我們認為最好的選擇。但是，如果我們不能提供他們嘗試的機會，也許他們會一直需要我們不斷的提醒而無法真正學習作好的選擇。錯誤的嘗試與學習常是能力培養中不可避免的歷程，這也是成長過程中所要付出的代價。但不是任何錯誤的嘗試都是有意義的，例如：傷害自己或傷害別人、偷竊違法行為，可能對自己或社會造成不可彌補的傷害，所以我們不是放縱學生任意而為，而是需要瞭解自我成長的可能階段及瞭解這些嘗試對個人的意義，同時容許個人學習與嘗試的機會，才能幫助青少年真正的邁向自我成長的階段。

◎　第四節　在學校的角色與定位

　　這幾年來許多教育的議題其實都反映出對自我成長的期待，例如：生命教育的推動強調人對生命本質及其存在意義的探索。兩性教育的積極落實與其相關課程的推動，強調對不同族群的尊重與接納。甚至最近對品德教育的重新重視與推廣，都是對於自我成長的期待賦予更多元且豐富的意義。然而很不幸的，許多教育的議題很容易成為形式或表面工作，或只是藉由一些活動的包裝來表示對該議題的重視。其實會流於形式或表面化，從筆者這幾年來到不同學校參訪與評鑑中發現，有部分原因是學校已有許多事務要推動，對

於這些教育部的期待只能表面敷衍。更重要的是許多教育工作者不是很清楚瞭解這些議題背後的理念與目的。

就以品德教育為例，什麼樣的品德是重要的？為什麼重要？應該要作許多對話與論述，而不是由一些人假設它很重要，就完全接受它是重要的。筆者在美國求學時，指導教授 Dr. Robert Enright 研究的主題是寬恕，他為了要瞭解這主題，他成立一個研究小組，用十年以上的時間，藉由相關研究的探討，相關書籍的研討，及相關研討會及工作坊的方式，與不同的專長與背景的人作許多的對話與討論，主要是來瞭解與釐清寬恕為何是重要的品德。這樣的釐清與探索對於後來對寬恕概念的推廣有其重要的意義。除了探討品德的重要性，更進一步的是要能清楚的回答如何讓人學習該品德，同時也知道學習該品德的可能歷程，才能將該品德真正落實在教育的環境中。

所以學校本身應該對相關教育議題有更完整的認識，並進行更多的討論與思考。透過行政系統的規劃與推動，讓教師本身先有正確的認識與瞭解該議題的目的與意義，然後學習如何將這些議題融入教學的情境，讓學生能從這些議題中有更多的成長，也能培養足夠的能力來面對未來社會的挑戰。而不是只舉辦一些活動或比賽來「應付」這些教育重大議題。其實許多教育的議題若透過學校與教師的討論與對話常可提供教師更多學習與成長的空間。以筆者在威斯康辛大學六年的研究所學習經驗中，覺得幫助自己最大的是在每個禮拜五與指導教授負責的讀書小組中，對於寬恕這議題的思考與討論，讓自己有相當多的收穫與成長。從不斷對寬恕主題的對話與探討中，除了瞭解為何寬恕對個人的發展與健康如此重要，更重要也瞭解如何協助受傷害的人走過寬恕可能的歷程。特別是對於一個輔導工作者，他要能從不斷的對話與思考中，瞭解人可能改變的歷

程，才能真正協助一個人成長。

 問題討論與思考方向

一、從你自己的成長經驗的反省中，你覺得為何人會成長？促使人
　　成長的力量是什麼？而什麼樣的因素會干擾一個人成長？

二、你覺得什麼是自我成長？你所接受的自我成長模式為何？如何
　　達到你期待的自我成長？

三、面對學童或青少年你覺得他們最需要什麼？一個老師或輔導者
　　應該如何協助他們自我成長？

觀念補給站

心理輔導與道德教育㈡

　　一般而言，道德的發展與教育可區分為：道德認知 (moral cognition)、道德情緒 (moral emotion)、及道德行為 (moral behavior)，或是近年來強調的道德認同 (moral Identity)。基本上，道德的行為 (moral behavior) 或道德的行動 (moral Action) 是許多教育工作者關心的主要問題，因為任何道德教育最終的目的，就是要形成具體的道德行動。如果提供再多的道德思考的訓練或不斷培養合適的道德情緒，若無法真正產生實際的道德行動，其實這樣的教育就失去其意義。對於道德行為的產生，Kohlberg (1984) 在其著作 *The Psychology of Moral Development* 提出他的理論架構，他認為道德的判斷是道德行動的重要基礎，我們先經由道德判斷認為是「對」的道德行為，同時也瞭解為何是「對」，是一個很重要的出發點。無法建立在理性的判斷基礎的道德行動，可能無法成為真正的道德行為，例如：若一個人只是為討好或害怕權威、或以贏得獎賞或逃避懲罰為目的的道德行為，可能就不是一個真正的道德行為。對於道德相關情境我們會先對於該事件，產生個人的理解或是解釋，同時從相關的原則來判斷該事件的對或錯，當我們經過思辨歷程判斷是一個對的行為，接下來考慮個人的責任與義務，也就是是否個人對於該道德行為有一定的責任。個人的責任義務可能因著我們跟他人的關係，或個人在社會的角色而多少有些差異。當然個人對自我的形象與定位，也決定個人對該道德的責任與義務。當個人覺得有義務或

責任後，最後還得考量個人是否有能力或資源執行該行為。

其實關於個人對於道德的責任與義務，是目前在道德發展中很重要的研究主題，稱之為道德認同 (moral identity)。因為研究中發現有些道德原則不只是對的，而且對他很重要。他們會將這些原則視為自己價值信念的一部分，而且努力實踐。如果自己的行為與該原則違背，他們會感受到自我的背叛，因而產生許多罪惡感。然而有些人儘管認為有些道德原則是對的，但是跟他自己沒有必然的關係，因此他並不會因違背這些道德原則，而有任何負面情緒或認知的矛盾。造成這些對道德原則的差異態度，可能因著自我認同形成中自我的建構的問題，個人無法真正委身 (commitment) 於一些原則或理想，因而無法維持或執著個人與該原則的關係。

另一方面，道德認同可能來自所謂的道德情緒或情感。其實道德情緒與早期父母或權威的管教者的態度有很大的關聯。管教方式或態度可能直接影響個人對相關道德規範的感受，因而形成個人的道德情緒或情感。如果從這個角度來看道德教育，教導小孩遵守道德規範可能不是道德教育唯一的目的，建立合適的道德情感或情緒，反而可能對未來的發展更有意義。因為若他們能在學習中真正喜歡或認同於相關道德規範，他才能將這些原則納入自我的部分，成為自我發展的基礎。

對於如何從道德判斷或道德思考到道德的實踐與行動，Rest (1983) 提出另一個思考模式稱之為 "the Four Component Model"，其主要的歷程為：第一階段從強調對情境的理解，或道德的知覺 (moral sensitive) 為出發點，個體從相關情境中知覺個人行為對他人可能的

影響，或是瞭解行為之間可能的關聯。甚至對他人狀況或需要的體察、對相關情境的知覺或解讀、個人對該情境的情緒反應都可能影響該歷程。第二階段進入道德的思辨 (moral reasoning)，思考事物的對或錯，也就是將道德的原則或理念應用在該情境中，以這些道德的理念為基礎來判斷該行為的對或錯。事實上，這個階段主要的歷程與 Kohlberg 的道德發展階段有很高的關聯。第三階段就進入個人的決定歷程，考慮是否要將該判斷付諸於實際的行動，相關的因素包括：個人的價值判斷或是個人的道德動機 (moral motivation)。個人考慮不同行動所要付上的可能代價，同時比較不同價值信念與個人關係，因而選擇個人覺得最有意義的行動。最後階段即為道德行動的規劃與執行，主要是考慮執行中所要面對的個人問題及需要的能力，或外在情境所要克服的困境，及如何具體執行該道德的步驟等相關因素。最後才能呈現所謂的道德行為。其實 Rest 的四階段與 Kohlberg 的道德行動的歷程有很多部分是相似的。不過 Rest 在第一階段中特別強調對情境的知覺與解讀，或是因著對他人的需求的瞭解或行動對他人的影響，甚至個人情緒的狀況，都可能影響個人對道德情境的理解。在第三階段中 Rest 除了認為個人責任的影響外，也進一步著重道德動機，提出道德動機的影響，與 Kohlberg 的理論架構仍有些差異。

第十四章
其他與心理輔導相關的議題

　　人的問題常得從不同角度來理解，在處理人的問題中，除了直接面對問題本身外，常得面對一些相關的議題，這些議題往往對於個人問題的處理有很大的影響。最容易出現的主題是自我與他人的關係，特別是對於青少年族群而言，這是很重要且需要學習的議題。例如：不同種族、宗教或生活背景而造成差異的問題。輔導者如何看待自我與他人的關係往往影響問題處理的方式。平衡自我與他人的關係中，其背後的關鍵主題是自主與親密，也就是自我與他人的關係與距離。追求自我獨立自主常與親密關係的維持有些拉扯，如何處理兩者之間可能產生的緊張也是輔導者要面對的議題。在面對不同個體時，最需要處理的是人與人的個別差異。兩性之間是人學習面對個別差異很重要的開始，兩性之間常因著天生本質上的不同而形成很大的差異，這些差異是我們需要學習面對與接納的，所以兩性之間是學習面對不同族群的第一步。除了人與人之間，人在不同時間的脈絡中成長，因著時間與環境的改變而不斷變化。因此人常得處理過去與現在及未來中的自我，最直接面對的是人與家庭，或是家庭對個人發展的影響。本章主要是從不同的議題來思考輔導者的角色及對這些問題處理的基本態度。

◎ 第一節　自我與他人

　　人許多問題的出現，常都與自我與他人關係的面對與處理方式有很大的關聯。如何在自我與他人之間找到一個合適的平衡點，是

個人發展中很重要的議題。當一個人太關心自我的需求或權力時，他可能很容易活在自我中心或自以為是的世界。一個活在自私的世界的人，不僅不容易維持好的人際關係，也難與他人保持良好的互動，其實這樣的人往往自己也不快樂。不過一個一直活在別人的期待或討他人的喜歡的人，他可能總是很辛苦的扮演不同角色，或一直習慣戴上不同面具討好他人，因而讓自我的獨特性逐漸喪失，甚至造成自我的失落，而無法真正追求自我的實現。

　　如何平衡自我與他人的關係是在輔導中必須要面對的重要問題。從不同心理輔導與諮商理論或發展心理學理論中，可以提供我們對自我與他人的關係找到一個適切的平衡點。從發展心理學的理論，例如：Kohlberg 的道德發展理論或 Leovinger 的自我發展理論來看個體的發展，個體在早期的發展傾向以自我為中心，對問題的思考較多以自我需求或自我滿足為主，隨著年齡的增長則逐漸以社會的體系或關係的脈絡來思考人與人之間的問題。然而關係的脈絡與自我之間可能存在一些衝突與矛盾，或是習慣扮演的社會角色與自我真正的面向也可能有些不一致，因此如何處理自我與他人之間的關係成為重要的課題。

　　從輔導與諮商理論來看自我與他人之間的關係，Freud 強調人最需要學習的是愛 (to love) 與工作 (to work)，因為這是在面對自我與他人之間的問題時，讓自己與他人維持合適的關係的方式，因為愛常是對他人的行為與態度的表現，而工作是自我的創造與展現，同時也可能是與他人共同創造的學習。在 Erikson 的發展階段中，則從青少年的自我統整與自我定位為基礎，然後逐漸進入與他人的親密關係的學習，在親密的關係中學習愛與自我的重新統整與建構，進而學習關照與養育及個人的生產與創造。Adler 也強調人在與社會互動中學習，例如：認為自卑感可能成為人創造力的來源 (the wellspring of creativity)，也是人超越及成長的來源。自卑感常來自人與人之間的互動與比較。Rogers 雖然較強調自我的發展與實現，然而與他人的真誠的關係或被人所接納的經驗可能成為個人成長的動力。當然，在現實治療學派中較強調個人的責任與付出，在認知治療學派中也以個人的思考及信念為主要的處理焦點，因此個人對他人的知覺方式，或對於人際的理解概念都可能在人與人互動扮演一定的角色。

　　事實上處理自我與他人之間的關係是輔導中很重要的議題。對於輔導者本身如何建構一個合適的架構，來處理自我與他人之間的關係是輔導中很重要的任務。我們可以從許多人熟悉的周哈里窗 (Johari Window) 來看自己與他人的關係，在周哈里窗的架構中可以區分自我為四個部分，我知、他人也知的「公眾的我」，或是我知、但別人不知的「隱私的我」，還有是別人知、但我不知的「盲目的我」，及別人、或自己都不知的「未知的我」。從這個角度來看，我們需要可以信任的他人來分享「隱私的我」，否則太多的「隱私的我」讓我們成為孤單而且不被瞭解的人。而且我們也需要別人真誠告訴我那看不見的「盲目的我」，讓自己能跳出自己的有限及無知。最後我們藉由與別人生命的交流與對話中發現那「未知的我」，在許多不同生命的角色中都是提供我們重新發現與創造「未知的我」。

	自己知道的	自己未知的
他人知道的	I.自由活動領域 （開放我）	II.盲目領域 （盲目我）
他人未知的	III.自由活動領域 （隱藏我）	IV.處女領域 （未知我）

圖 14-1　周哈里窗

第二節　自主與親密

　　心理輔導中常得面對另一個重要議題是自主與親密的處理，自主與親密事實上與自我與他人的關係有很大的關聯。自主是強調個體的充分發展，以獨立及自我展現為發展的方向，親密則強調人的關係與連結，在關係中強調對他人的關懷與角色的責任。過去傳統的文化社會，主要強調與族群或關係為個人發展主要的考量，例如：光宗耀祖、延續家族優良傳統及血緣傳承的維繫，都是建立在關係的連結或族群的情感脈絡來思考個人的發展。在這樣的傳統脈絡中，犧牲小我完成大我，或顧全大局委曲求全，就成為個人發展的主要考量因素，透過個人的犧牲或割捨讓情感關係更加緊密，因此親密關係的因素考量遠超過於個人自主的發展與實現。然而隨著社會多元的發展，現代化的社會愈來愈強調個人的發展與成就表現，自主的考量已逐漸取代過去以關係或族群的發展。一個人若建立太多的關係或承受太多家族責任，可能限制或干擾個體發展，因此，對於自主的期待已遠超過親密關係的考量。例如：現代年輕人期待不要太早結婚以免被關係限制，而影響個人的自主與發展，儘管結婚後，許多新成立的家庭夫妻仍期待不要有太多小孩或不希望有小孩，可能都反映現代社會對個人自主發展的期待。

　　自主與親密是個人發展歷程中不可或缺的學習議題，在親密連結的脈絡中，個體生命的獨特性與創造性可能因此被限制或被剝奪。其實在許多婚姻或家庭關係中，可以看到太太或先生為了另一半割捨自己發展的興趣，或是父母因為考慮子女的教育或需要，而放棄個人理想或發展。然而在這些犧牲或割捨中，往往創造出更豐富的生活體驗或生命的價值。我們可以看到一個願意為他人犧牲或割捨

的生命，不只帶給人更多的尊重與羨慕，自己生命的經驗往往也更豐富。當然若太強調社會或他人的利益，遠高過於個人的需求與發展，個體的獨特性可能因此完全被忽略，個人可能無法真正健康的發展。例如：我們可看到有些父母在面對家庭關係上，完全以子女的需求為唯一的考量，所有的心力都放在子女身上，自己的發展與需求完全被忽略，不幸的是，這樣的教養方式不只是子女在發展中可能很容易塑造出自我中心的人際思考，當子女長大離開家時，突然間父母似乎很容易陷入一無所有的失落中。如何在關係發展中保有個人的獨特性，或因著這個關係讓個人發展更豐富或多樣，這才是親密關係對人的意義。

強調自主性的發展方面，當一個人不斷追求自主性與獨立性的同時，可能陷入追求自我滿足及自以為是的世界，自我的發展因而被限制或扭曲。因為自我的發展若只以個人自主與發展為主要考量，對他人的態度或面對競爭者的處理方式，可能或陷入為達目的不擇手段，或不斷樹立敵人或競爭者，彼此相互攻擊、冤冤相報的困境。因此自主性的發展基本上不能完全脫離親密關係，因為從親密關係中可以不斷檢視，個人自主性發展的目的與意義。Nel Noddings (2002) 就特別強調關係與關懷是道德發展中很重要的基礎，在學習公平正義的歷程中，應該是以關係或關懷為基本的出發點。也就是在關係脈絡中公平正義才是有意義的。因此親密關係或對他人的關懷應該是個人發展與社會建構的重要基礎。

第三節　兩性之間

兩性問題已是目前在教育中或輔導中經常要面對的議題。雖然在目前主要考量的平等法則背景下，性別平等議題已成為主要的思

考方向，然而其實平等或公平是一個很不容易處理的議題，它很容易形成一種假象的平等，只在維持每個人都受一樣的對待。以一個家庭或公司為例，當它們在分配資源時，可以考慮以每個成員的真正需要為法則來分配，也就是誰有較多的需要就分配給他較多的資源，如果他已有足夠資源，相對而言就給得較少。也可以考慮以個人的貢獻為分配的基礎，貢獻較多的資源分配的就多，貢獻少的相對的資源分配也少。當然也可以將資源完全均等的分給每個成員，不考慮需要、貢獻或其他因素。上述三種方式都應該符合所謂的「公平的法則」，然而其分配結果卻有很大的差異。其實任何公平法則都有其考量的基礎，來達到我們所期待公平的社會。

　　兩性之間若要以平等為思考架構，第一個要面對的是，什麼是我們期待的公平法則。如果忽略對適用法則的反省，可能會陷入維持每個人都一樣的假象公平，就像男生可以作的事女生應該也都可以，女生可以作的當然男生也一定可以。目前許多學校課程規劃常以破除性別刻板印象為課程的目標，認為造成男女差異主要來自社會化，也就是男女的差異完全是人為造成，因此，教育應該積極消除這些差異，透過教育的努力，我們期待未來男女應該沒有明顯的差異。其實這種觀點應該是極端行為學派的想法，他們相信人定勝天，只要有好的規劃與控制，透過人為的方式一定可以改變人的行為，但他們面對最大的問題是，他們忽略男女可能存在著本質的差異。其實近十多年來許多有關男女之間差異的研究發現：不只在生理或第二性徵上男女有明顯的差異，在大腦功能的可能運作方

圖 14-2　男女平等所追求的並非齊頭式的假平等，而是尊重彼此本質的差異，讓不同的個體能充分發揮其所擁有的能力與特長。

式，例如：認知能力、語言能力、社會認知或特質上，都已發現有顯著的差異，而且這些差異並沒有因著不同時代背景或社會文化的改變而有太大的變動。關於這些研究發現，例如：Halpern, D. F. (2000). *Sex Differences in Cognitive Abilities*、Ruble, N. D., & Martin, C. L. (1998). *Gender Development*、Caplan, P. J., Crawford, M., Hyde, J. S., & Richardson, J. T. E. (1997). *Gender Differences in Human Cognition*、 Moir, A., & Jessel, D. (1993). *Brain Sex: The Real Difference between Men and Women*、Block (1984). *Sex Role Identity and Ego Development* 等相關研究都清楚顯示男女的基本差異。

如果這些男女差異確實存在，而且已穩定長期存在於不同社會脈絡，我們則要考量可能存在著本質上的差異而形成這種現象。事實上，對一個輔導者在面對問題時，我們常得思考是本質 (nature) 或後天 (nurture) 的影響。如果是後天力量造成的問題，的確可能因著我們付出更多努力或提供有效學習方式來嘗試改變它，然而如果是本質或先天的力量形成的問題，我們只能接受它存在的事實，面對這些事實可能帶來的影響。就像一個人也許他的認知能力或智商偏低，如果這樣的表現不是一時情緒的干擾，或其他特殊環境的影響，這是他的長期穩定的能力表現，輔導者可能要協助他學習如何面對自己的有限。當然我們不排除未來改變的可能，的確有些人的發展較緩慢，但這畢竟是部分的現象，不表示每個人都只是發展較慢，一個人最終必能找到合適自己能力的角色來扮演。

兩性的議題還引起一個重要的討論是：每個生命個體需認識他們真正擁有的能力或特質。學習欣賞或接受我們所擁有的部分，同時努力提升那可以改變的部分，這是個人成長中很重要的課題。從這個角度來看兩性教育的目標，應該放在對不同性別的表現及特質的尊重與欣賞。當然若是一些刻板印象，例如：重男輕女的傳統、

男尊女卑的社會地位，我們應該嘗試作調整。然而近年來研究已一再的顯示，男女之間事實上的確存在一些本質的差異，我們應該尊重這些差異，讓不同差異的個體能在自己所擁有的能力與特質中充分發展，而不是以平等或平權的方式為主要輔導的方向。

第四節　人與家庭

人與家庭的關係是輔導過程中常得面對的另一個議題，許多人的心理問題與家庭關係具有密切的關聯。特別是人的情緒反應及對情緒因應方式或人際互動模式，常與早期的家庭有很大的關聯。當然，同儕關係、學校生活、甚至傳播媒體或社會現象都有其影響力，但家庭是許多人早期人際互動學習的基礎，即使這些早期

圖 14-3　「家庭」是個人最早接觸的學習場域，也是影響個體最深的環境。和諧的家庭互動關係，對人的發展具有正向的意義。

的學習經驗雖然可能受成長歷程中多樣的人際經驗的影響，每個人可能多多少少會作些改變或逐漸調整，但由於早期的經驗是長期累積而形成，因此可能不是很容易有太大的改變。特別在情緒因應及人際互動模式方面，父母長久以來與成長的個體已建立長期且深入的互動方式，因此它可能會持續對人的發展造成很大的影響。

以心理學家 John Bowlby 的依戀理論 (attachment theory) 來看，早期個體為了尋求個人安全需求的滿足，在長期與照顧者的互動之間，逐漸形成所謂「自我與他人的內在運作模式」(internal working models of self and significant others)。有些人從長期互動中建構出對自我與他人的正向知覺的安全依戀型態，有些人卻形成對他人或自

己負向的知覺，因而形成不安全的依戀型態，這些內在運作模式的不同型態常常成為個人對自我及他人的互動參照基礎，特別是在壓力或不確定的情境下，常更清楚呈現這些模式。當幼小的生命在成長中，遭遇外在威脅或壓力，或是當感到身體不適或生理有需要時，若照顧者經常提供穩定與一致的反應，且能真正的滿足他們的回應，他們可能逐漸形成對他人正向且可信任的理解模式，同時對自己也建立正向且可信任的自我意象與安全依戀模式。然而若照顧者長期忽略個人面對威脅或壓力的困境，或無視於個體面對需求無法滿足的不適，逐漸的可能讓一個人建立對他人的負面知覺及對他人無法信賴的不安全人際模式。若照顧者隨著自己的情緒或狀況，無法提供穩定或一致的反應，也可能讓一個人對人際關係過度的焦慮或擔心不讓人喜愛或被遺棄的恐懼，同時對自己也容易形成較低的自我意象與不安全的人際依戀模式。

其實個人的依戀型態與青少年的情緒處理或心理的健康，從近十多年來相關研究發現其間有很高的關聯，例如：相關研究結果呈現，不同依戀型態的青少年在自我概念的展現 (Brennan, & Bosson, 1998; Brennan, & Morris, 1997; Mikulincer, 1995)、 人 際 關 係 (Bartholomew, & Horowitz, 1991; Mikulincer, 1998)、 生 活 適 應 (Kobak, & Sceery, 1988; Rice, 1990; Ryan, & Lynch, 1989)、面對壓力 (Mikulincer, Florian, & Tolmacz, 1990; Mikulincer, Florian, & Weller, 1993; Simpson, Rholes, & Nelligan, 1992)，或親密關係 (Collins, & Read, 1990; Hazan, & Shaver, 1987; Kirkpatrick, & Davis, 1994; Kirkpatrick, & Hazan, 1994; Simpson, 1990) 上，的確都出現明顯的差異。整體而言，安全依戀型態的青少年比不安全依戀型態的青少年在各方面都呈現較好的適應及壓力因應方式、或較適當的人際或親密關係。從這些研究結果我們可以看到和父母的依戀關係的連續性

及其持續對青少年的影響。事實上，就如同依戀關係理論所指出，和父母建立安全依戀關係對於孩童甚至在青少年，都仍然有正面的意義。

　　家庭對個人的道德教育也扮演重要的影響力。道德教育近幾年來已從早期的強調社會化的學習，逐漸進入道德的思辨歷程與道德的判斷。此發展主要是基於道德的行為應建立在理性的思辨基礎上，若只強調道德行為的直接學習，可能只是達到形式化的道德表現，對個人並未產生實質的意義，可能無法讓個人對道德教育出於內在的接受與認同。對於道德教育近幾年來從強調道德的思辨歷程，更進一步進入對道德情感與道德認同的學習。雖然在道德教育中學習判斷是或非的理性抉擇，是很重要的歷程，然而「知道」並不一定讓個人對於「對的」事願意付出。因此道德的情感或對道德的認同是個人對道德行動很重要的來源 (Killen, & Hart, 1995; Killen, & Smetana, 2006)。道德的情感或認同近年來的研究發現，與個人早期的家庭經驗有很大的關聯。父母以溝通互動的方式傳遞小孩對道德原則的瞭解可以引起更多對道德規範正向的情感 (Nucci, 2001; Killen, & Smetana, 2006)。這樣的情感經驗可能成為個人未來對道德實踐或道德認同的基礎。所以家庭對道德教育的處理並不是只要求小孩學乖或知道什麼是對或錯，其實更重要的是建立他們對道德規範的正向情感與自我認同。

◎　第五節　人的過去、現在與未來

　　人的過去如何影響現在及未來，或是人的現在如何改變過去及影響未來，同樣也是輔導中很重要的議題。輔導者太過於忽略過去影響的可能，或太過於強調過去的決定性影響，都可能導致輔導歷

程陷入一些困境。過去的經歷的確無法從記憶中消逝，而且它常與現在的心理問題有一些關聯，然而，這並不代表過去經驗與現在的問題有必然的因果關係，因為這忽略了人的自主與選擇。就像一個成長在有酗酒父親的家庭中的子女可能會學習父親的酗酒習慣，但也有人因深刻體會到酗酒對家庭的傷害，因而滴酒不沾。

　　早期個體與重要他人──父母的互動經驗，如何影響個體發展的可能，是輔導者關注的重要問題之一，其實這也是長期以來教育及心理學家關心的議題。對於個人的成長中隨著時間如何轉變，特別是早期的經驗如何影響個人的轉變歷程。這種轉變其中包含著：穩定不易改變的部分，與因著外在環境與個體內在因素轉變而改變兩方面。轉變的力量除了受外在環境所引發外，往往個體本身先前的經驗具有更重要的影響。過去的經驗本身的確可能限制了個體發展的可能性，所謂的「限制」(limited or constraint) 與「決定」(determined) 有很大的差異，「限制」是指提高某些相關事件發展的可能，相對的，也減少其他事件發展的機率，而「決定」是指已完全導致發展的必然現象。這裡強調早期經驗對個人發展的限制，並不是單純的因果關係，否則青少年的問題可能被簡化成家庭出問題或父母的管教不當，這是對青少年的問題過分的簡化或找一個代罪羔羊的處理方式。家庭對個體本身的確有一定的影響力，但如何影響或影響的方向為何則是有待澄清的。

　　從心理分析學派的觀點而言，Freud 強調的是早期無法處理或壓抑的經驗，常成為個人心理問題的來源，他們強調對這些壓抑經驗的探索與處理，讓這些壓抑的經驗能從潛意識的層面，逐漸成為意識層面的一部分，而讓人不至於一直受過去經驗所限制或干擾。然而從 Adler 的觀點，他著重的不是那些被遺忘或壓抑的經驗，他在治療中以 "Early Recollections" 的方式來探討個人最有印象或最

清楚記得的經驗，他認為這些經驗會這麼鮮明的被記著，一定對現在有特別的意義。同時他更強調會影響個人發展的不是過去的經驗本身，關鍵在於個人對過去經驗的理解或詮釋方式才會對個人造成直接的影響。

對於早期經驗的建構與對個人發展的影響，依戀理論中也有不同的觀點。依戀理論強調早期親子互動方式建構出不同依戀型態，照顧者對於成長中的小孩，能對他們的需求提供適當的回應，而且能穩定且可預期的滿足他們的需求，讓個人能建構出對自己及他人的安全依戀關係。然而，若常常忽略小孩的需求或給予不可預期及不一致的回應，可能讓個人建構出不安全依戀的關係。早期的依戀關係或型態受照顧者的態度及行為直接影響，然而進入青少年時期，Mary Main 強調這時期的依戀關係主要的關鍵不是在照顧者的態度，而是個人對早期家庭關係的理解與建構，將塑造個人的依戀型態。安全依戀型的人對過去的經驗能坦然面對，他們承認也接受過去經驗對他們的影響，而且能完整且清楚的呈現自己的成長經驗。不管是正向或負向的經驗都能真誠的面對，對於照顧者的不當對待也能真正的寬恕與接納那些傷害經驗。相反的，不安全的依戀型態的人嘗試藉由扭曲的方式理想化過去的經驗，或是對於過去的經驗覺得不重要或已不記得，同時認為對自己沒有影響。有些不安全型態的人在回顧中出現許多的情緒，在表達中不斷出現瑣碎或片段的記憶，似乎是仍然活在過去的經驗中。因此依戀理論強調面對早期的經驗，重新理解與建構個人相關經驗，才能讓個人成為安全依戀關係的人，也才能讓自己發展更成熟。

問題討論與思考方向

一、你如何平衡自己與他人的關係？或是在自主與親密中你如何取
　　捨？你花多少時間面對親密關係或自主的學習，這些時間對你
　　而言意義為何？

二、當你面對與你不同性別的人時，你如何面對你們之間的差異？
　　你覺得為何有這些差異？你能瞭解或體會這些差異嗎？

三、你如何理解你的早期經驗？這些經驗對你的意義為何？你覺得
　　你對未來的期待與你的過去經驗有關聯嗎？

觀念補給站

心理輔導與道德教育⑤

　　有關道德發展或教育所牽涉的議題似乎包含多種面向，因為道德的議題幾乎涵蓋人與人之間大部分的問題。人面對自己或他人、人對於家庭或社會等都與道德議題有密切的關係。然而不同的道德規範可能有許多不同的目的，或因著不同目標而有其不同存在的意義。因此道德的發展可能是多面向，同時包含不同的領域，例如：人與人或人與群體，不同領域所牽涉的道德規範可能在功能或意義上有明顯的不同。就比如，近年來相當受到重視的 Social Cognition Domain Theory 主要是將道德區分為：道德領域 (moral domain)、社會規範領域 (social conventional domain)、個人領域 (personal domain) 等不同領域，這些領域在主要概念及發展的歷程上可能有很大的差異。其理論架構的建立，以在 University of California-Berkeley 的 E. Turiel 為代表人物，後來的 L. Nucci 或 J. Smetana 相繼拓展了相關研究 (Nucci, 2001, 2005; Turiel, 1976)。Turiel 早期也參與 Kohlberg 的相關研究，特別對於有些青少年在道德階段發展上，由社會規範的層次 (conventional level)，出現類似倒退到社會規範前期 (pre-conventional level) 的矛盾現象。因而引起 Turiel 對道德與社會規範議題之間關係的探索。

　　從 Turiel 所提出的 Social Cognition Domain Theory 的觀點來看，道德領域 (moral domain) 主要的原則是以普遍的道德為基礎，例如：公平、不傷害他人、不欺騙或說謊甚至偷竊等道德原則。他們

認為大致而言，這些規範有其普遍的意義，存在不同文化與社會中。從研究中發現，兒童早期就能清楚瞭解這些原則是重要的而且不能任意更改，同時瞭解這些法則與權威的態度或社會的期許無關。所以儘管老師或父母違背該原則，例如：允許他們傷害別人或偷別人東西，研究中發現就連三、四歲的小孩仍然清楚知道這些行為是不對的。這些研究結果不只出現在西方社會，在不同文化中仍可發現一致的結果，例如：韓國、日本、香港等國家。然而所謂的社會規範領域與道德領域有很大的不同。社會規範領域主要是以維持社會或團體運作的和諧為基礎。因此這些原則的存在，可能因著社會的期待或達到某些功能為目的，例如：在學校要穿制服、上課不能講話、男生不穿裙子等。因此可能因文化或社會不同而有很大的差異。研究中也發現，兒童也可以清楚瞭解這些法則是可以改變的，並且認為違背這些原則對他們而言，並不是嚴重的問題。對於個人領域主要是以個人的特色、人際、習慣或偏好為基礎，例如：個人的穿著、交友、生活的方式、喜歡的東西等。這些領域常被認為是沒有一定的標準或對錯，完全是個人的偏好與選擇，因此若父母或師長干預這些領域，可能會引起個人的不滿或憤怒，因為認為這是個人的偏好與選擇，他人不應該過度限制或干預。所以在個人領域方面的規範，應該有許多的彈性與調整的空間。

　　然而我們可能因著特殊目的，例如：可能造成自我的傷害、影響身體健康、甚至可能陷入沉迷或成癮等因素，我們可能會給予一定的限制，特別是面對兒童或青少年在身心未成熟階段。所以青少年飆車、未成年喝酒或抽煙、或對特殊場所的限制等，主要是考量

個人身心的限制而提出相關的規範。當然這些特殊的目的是基於客觀的事實，例如：喝酒與抽煙對身體的危害，青少年可能無法適當面對自己生理的急劇轉變等因素，而不是建立在師長或父母的偏好，例如：不讀書就一無是處、與異性的關係就一定干擾個人成長。因此在處理個人領域的限制時應該建立在合理的基礎下，同時能讓青少年真正瞭解這些限制的出發點。當然輔導者要幫助青少年瞭解，這些限制不是要否定青少年的自我形象或不信任他們的能力，重要的是要他們能面對自己的有限，及學習接受成長的必經過程。

　　其實從這個理論架構來看學校對學生的輔導工作，可以提供我們幾個思考空間。我們都擁有判斷道德領域相關原則的能力，因為儘管學齡前小孩都能清楚瞭解這些道德原則的對或錯。事實上，相關研究的確顯示，青少年與父母的衝突常無關於道德領域，因為他們基本上可以接受父母在道德領域上的權威。所以這些原則是共同要遵守的，甚至父母或師長本身也要遵守，不能以因為「為你好」為藉口而違背該原則。對於社會規範領域主要的目的是要維持社會運作或和諧，除此以外學校的規範應該還有管教或社會化的目的。當然為了管教或社會化，有些規定可能影響個人領域，例如：穿著、髮型、生活作息等。其實近年來許多學校規定的鬆綁或調整，主要是針對這些可能影響個人領域的規定。但是對於維持學校運作的基本規範很少改變，更不用說與道德領域有關的規定。因著相關規範的鬆綁，有些人常誤以為學校的許多規範都是可被廢除或沒有意義的，其主要的原因是，因為對社會規範的目的與意義的不瞭解。例如：學校為了維持運作與執行相關功能，因此設立不同的處室。其

實許多人就連到了大學，仍不瞭解處室之間的差異或功能。筆者個人在大學兼任行政主管時就遇過，家長到教務處要我們給學生「無記過證明」以方便申請美國大學，當我們告訴他找錯地方時，又不斷抱怨我們官僚、推卸責任。其實如何從一個系統或脈絡，來看相關規範存在的目的或意義是很重要的教育工作，否則人很容易陷入只要為自己方便的規定，或滿足自己需求規範的錯誤期待。從 Social Cognition Domain Theory 可以提供輔導者瞭解不同規範存在的意義或目的，同時也能幫助青少年瞭解這些規範的目的。其實對於輔導者而言，幫助青少年對規範的理解往往比規範的遵守更重要。因為道德的教育需要透過道德的理解，才能真正將該道德內化成為自己的一部分，否則只是暫時對外在力量的屈服，它無法成為未來行為的一部分。

觀念補給站

寬恕與心理輔導㈠

　　近年來品德教育已逐漸受到重視，大致上目前提出的相關品德中常見的有：公平 (fair, justice)、責任 (responsibility)、誠實 (honesty)、勇氣 (courage)、堅持 (perseverance)、信任或值得被信任的 (trust or trustworthiness)、愛或關懷 (love or caring)、尊重 (respect) 等相關主題為主。其實強調這些品德的重要與培養現代社會公民的素養有很大的關聯，主要的目的是塑造一個獨立自主的生命個體，而且對他人及社會又有一定的連結。因此培養一個理性自主的人，與建立一個和諧互動的社會或是人性化的社會，是在品德教育中很重要的目的。然而是不是每一種品德都很必要，也都一定要學習？其實長期投入道德發展議題的學者 Aug Blasi (2005) 提出很重要對品德教育的新觀點，他認為品德教育不應該只是放在「初級或低階層的品德」(lower-order virtues) 的教導，例如：誠實、公平、同理、仁慈等。因為我們可能可以不斷的提出更多的品德，而這些品德之間並沒有關聯，也沒有先後關係或不同的優先次序。如果這些品德都是重要的，對學習者而言可能常得重新或不斷學習新的主題。Blasi (2005) 認為「高階或進階的品德」(higher-order virtues) 才是道德教育的重點。所謂「進階的品德」主要是我們如何以自我反思的 (self-reflective) 態度去面對這些品德，同時以自我評價 (self-approriation) 去思考自我與這些品德的關係。Blasi 提出三個重要的進階品德：意志的力量 (willpower) 或自我控制 (self-control)、統整 (integrity) 或自我整合、

道德的渴望 (moral desire)。自我的控制或意志讓我們從面對問題、同時對於目標與策略能堅持而且不受干擾或誘惑，最後才能將相關品德實踐在我們的生活中。統整或自我的整合讓我們建立對品德的關係與責任，而且能真誠一致的維持對品德的執著與投入。最後還是需要建立在道德的渴望中，個人願意而且有足夠的動機去完成相關品德。因此道德的渴望提供一個方向讓品德能展現在個人生活中。

　　從 Blasi 的理論觀點來思考品德教育的實踐，我們需要先培養「進階的品德」，透過這些進階的品德才能具體實踐相關品德，這是很有意義而且很重要的思考。然而從這個角度來看關懷或愛的品德學習，其實我們常看到，有些小孩甚至包括成人，剛開始可能也願意學習關懷或愛的品德。但是很不幸的是，當他們努力實踐關懷或愛的行動時，經歷了一些人際傷害或是別人不公平的對待，這些不公平對待或傷害往往可能讓他們再也不願意繼續學習關懷別人。意志的力量可能無法直接面對個人內在的傷痛，因為人際的傷害常引起對人信任的可能，或對人的恐懼，它需要進一步被處理。另一方面，強調對他人關懷的責任或認同，可能讓他陷入更多的罪惡感或自責，因為自己可能無法跳出這些傷痛，真正去關懷他人。其實主要的問題也並非出自於個人缺少道德的渴望，重要的是每次的關懷行動可能喚起過去的傷痛。我們相信對於這些人需要另一個進階層級的品德來處理他的問題，才能讓他對關懷或愛的學習能持續。

　　人際的傷害或不公平的對待，常是人際互動中無法完全避免的事。對於親子互動的研究中發現，儘管是一對好的父母在管教小孩，仍然可能一天中就犯幾十個錯誤，這些錯誤就可能成為人際的傷害

來源，更不用說我們在面對不同的人際關係時，很容易造成彼此的傷害。其實大部分的家庭關係或親密關係常得面對一些無法避免的傷害，所以維持好的關係不是因著個人的謹言慎行，或學習彼此良好的溝通能力而已，重要的是在這關係中是否存在修補這些傷害的可能機制，或是一個進階層級的品德，來重新處理這些無法逃避的傷害。就以 Colby & Damon (1992) 訪談及分析一些典型的道德實踐者為例，這些受訪者長期投入社會的關懷與道德的實踐。整體而言，他們發現這些人中存在一個基本且重要的個人的價值觀是：對人的關愛 (mercy) 與寬恕 (forgiveness)。這樣的價值觀對這些長期投入在對人及社會的關懷的人士扮演相當重要的角色，就如同他們的回顧中提到 "Forgiveness as a central personal goal" (Colby & Damon, 1992)。寬恕似乎成為他們道德實踐中很重要的基礎，因為我們相信寬恕能讓他們不再活在人際的傷害中，而讓他們能持續實踐對人的關懷與責任。

其實寬恕是在面對人與人之間很重要的課題，因為它處理人際間不可完全避免的傷害。但不幸的是，過去一直被認為是宗教的議題而非教育的議題，而很少出現在教育的學習中。在美國威斯康辛大學麥迪遜校區的學者 Robert Enright 早期也對 Kohlberg 的道德發展研究有許多興趣，二十多年前他開始以寬恕為研究主題，從心理學的角度來思考寬恕的歷程及發展的可能。從 Enright (2001, 2002) 這二十多年來相關研究顯示，寬恕是很重要的心理歷程，能真正處理不同的人際傷害，特別是在許多家庭或親密關係中，例如：親子、夫妻、家庭特殊事件等。而且寬恕的學習對於不同年齡層，或不同

族群都有很重要的意義。在面對不公平傷害時，往往許多人期待正義伸張來解決心理的傷痛。然而真正正義的伸張可能只能帶來暫時的紓解，或一時的快感。然而早期的傷痛不會因為正義的實現或時間的沖淡就隨之消逝。從 Enright 的研究顯示寬恕的學習才能處理個人內在的創傷。

　　如果從心理輔導來看臺灣的社會現況，我們會發現臺灣近年來不斷努力於公平社會的建立，從兩性的平權、弱勢族群的權利維護政策、甚至防止特權濫用或限制特殊權力可能介入政府的運作等主要以公平社會的維護為目標。由於不斷強調公平或正義，無形中在家庭、學校或社區之間也常瀰漫著這種期待，因此訴訟、抱怨、檢舉或民意成為處理這些問題的重要依據。然而我們可能忽略了公平或正義本身，也許可以防弊或維持社會次序或運作、甚至解決一時的紛爭或衝突，可是卻無法真正處理衝突或紛爭中留下的情緒或傷害。當然寬恕不是反對公平的實現，也不是強調忘卻或不要太喜歡計較，甚至不是逃避面對事實或息事寧人。它提供人與人之間很重要的思考基礎；它可以帶給人們真正的情緒釋放，讓我們遠離傷害對我們的箝制與控訴；它同時也是良善社會及和諧社會真正的來源。

建議閱讀相關參考資料：

道德與自我發展有關的文獻

1. Killen, M., & Hart, D. (1995). *Morality in Everyday Life*. New York: Cambridge University Press.

2. Kohlberg, L. (1984). *The Psychology of Moral Development*. San Francisco: Harper & Row.

3. Kroger, J. (1996). *Identity in Adolescence: The Balance between Self and Other*. New York: Routledge.

4. Kurtines, & Gewirtz (1987). *Moral Development through Social Interaction*. New York: Wiley Publication.

5. Lapsley, D. K. (1996). *Moral Psychology*. CO: Westview Press.

6. Lapsley, D. K., & Narvaez, D. (2004). *Moral Development, Self, and Identity*. NJ: Lawrence Erlnaum Associates.

7. Loevinger, J. (1976). *Ego Development*. San Franciso: Jossey-Bass Publishers.

8. Moshman, D. (1999). *Adolescent Psychological Development: Rationality, Morality, and Identity*. Hillsdale, New Jersey: Lawrence Erlbaum Associates.

9. Selman, R. L. (1980). *The Growth of Interpersonal Understanding*. Academic Press.

10. Turiel, E. (1983). *The Development of Social Knowledge*. New York: Cambridge University Press.

11. Youniss, J., & Smollar, J. (1985). *Adolescent Relations with Mothers, Fathers, and Friends*. Chicago: University of Chicago Press.

兩性有關的文獻

1. Caplan, P. J., Crawford, M., Hyde, J. S., & Richardson, J. T. E. (1997). *Gender Differences in Human Cognition*. New York: Oxford University Press.

2. Gilligan, C. (1993). *In a Different Voice*. Cambridge, MA: Harvard University.

3. Gilligan, C., Ward, J. V., & Taylor (Eds.). *Mapping the Moral Domain*. Cambridge, MA: Harvard University Press.

4. Gilligan, C., Rogers, A., & Brown, L. In Gilligan, C., Lyons, N., & Hanmer, T. (1990). *Making Connections*. Cambridge, MA: Harvard University Press.

5. Halpern, D. F. (2000). *Sex Differences in Cognitive Abilities* (3rd ed.). NJ: Lawrence Erlbaum Associates, Inc.

6. Josselson, R. (1987). *Finding Herself: Pathways to Identity Development in Women*. San Francisco: Jossey-Bass.

7. Noddings, N. (1984). *Caring: A Feminine Approach to Ethics*. Los Angeles: UCLA Press.

依戀理論有關的文獻

1. Bowlby, J. (1969). *Attachment and Loss*, Vol. 1: Attachment. London: Hogarth Press.

2. Bowlby, J. (1973). *Attachment and Loss*, Vol. 2: Separation: Anxiety and Anger. New York: Basic Books.

3. Bretherton, I., & Waters, E. (1985). *Growing Points of Attachment Theory and Research*. Monographs of The Society for Research in Child Development 50: The University of Chicago Press.

4. Cassidy J. & P. R. Shaver (1999). *Handbook of Attachment: Theory,*

Research, and Clinical Applications. New York: The Guilford Press.

5. Feeney, J., & Noller, P. (1996). *Adult Attachment*. CA: SAGE Publisher.

6. Sperling, M. B. (1994). *Attachment in Adult: Clinic and Developmental Perspectives*. New York: The Guilford Press.

第十五章

總　結

 第一節　自我成長的再思

　　自我成長在輔導中是很重要的議題，不只學生或被輔導者需要自我成長，輔導者或教師也需要不斷的自我成長與改變。其實心理問題的處理應該不是輔導的主要任務，自我的成長與突破才是輔導工作更積極的目的。輔導工作基本上期待人有更好的發展與適應，所以輔導不應只是在處理人已出現的心理問題而已，更重要的是要幫助一個人發展得更完全或恰當。事實上，大部分的心理治療理論都提供人發展的理想，所以處理心理的問題不只是減少或消除這些問題，更重要的是期待個人能朝向個人發展的理想邁進。就以本書在第二篇介紹的理論中可發現，每個治療學派都期待人發展更成熟，也許每個學派對成熟的定義不同，但他們對人發展的理想模式都有清楚的期待。其實在輔導工作中，處理人的心理問題應該只是一個階段性的任務，而其積極的目的是讓人更成熟。

　　除了被輔導者需要成長，事實上，一個好的輔導者也常常從參與輔導的過程中獲得更多的學習與成長。因為在輔導不同生命個體時，常會帶給自己許多的衝擊，同時從不同個案的生命成長歷程中，讓自己重新體驗生命的豐富與多樣性，其實這是參與輔導工作中最大的趣味，同時也是一大挑戰。若輔導者無法從輔導過程中不斷的學習與成長，他可能會逐漸失去個人在參與這個角色的熱情與興趣。缺少熱情與興趣的輔導工作者，他可能因缺少個人的動力而無法真

正展現他的輔導專業。

　　從筆者個人的觀察發現，引起自我成長很重要的來源常來自於個人學習嘗試不同角色。特別是，這幾年來我個人嘗試學習扮演父親的角色，在其中有許多新的學習。我學習從自己女兒的眼中來看世界，看到她如何面對自己的情緒，也看到她如何與人互動。從與她的互動經驗中我看到許多我過去未仔細留意的事，這些經驗使我有機會檢視自己，也讓我不斷得調整自己的習慣。許多人很容易活在自己的喜歡與固定習慣中，特別是學校的教師或已有穩定工作的人。固定或習慣的角色讓我們限制自己的成長，因為我們可以不用花太多力氣或代價，就能達到我們的任務，因此我們不用太多學習或改變。筆者記得有一年暑假教授教師碩士進修班，正好其中兩個班都是第一年進修的教師，課程快要結束時，我要他們分享學習心得，其中一位教師提到他當了一個暑假的學生後發現，天氣熱上課真的很容易打瞌睡，以後如果班上學生上他的課打瞌睡他不會再那麼生氣了。其實我們可能因習慣某些固定角色，因而失去發展其他的可能。當我們不斷嘗試不同角色時，我們可以感受到自己要不斷的改變或調整。

◎　第二節　專業訓練的重要

　　輔導者的自我成長是輔導工作很重要的基礎，但並不是輔導工作落實的主要依據，專業的學習與訓練才是輔導工作實踐的來源。我們可以舉父母對孩子的教養方式來說明，就像有些父母他們很愛自己的子女，但他們無法瞭解子女成長中的需要，他們的努力付出反而可能造成另一種傷害。又如有些父母相信「不打不成器」，然而他們的打罵教育，在無形中帶給子女發展過程的干擾，甚至造成未

來的傷害，其程度可能遠超過他們的想像。也有許多父母擔心自己小孩「輸在起跑點」，因此不斷提供他們學習與訓練，然在這被期待的學習歷程中，孩子對學習的興趣與自發或創造的嘗試，可能完全被抹煞。其實這些問題主要反映出，因為個人專業知識的有限而造成輔導中的問題與傷害。專業知識常可以提供我們對人的問題有更多思考與瞭解的空間，但人的許多問題不像數學或有些自然科學有標準答案或絕對的對錯，常需要透過專業的探討與對話，來進一步瞭解這些問題的可能。所謂專業的探討並不是找一些專家來就能解決問題，而是透過理性的思辨與對話，從不同理論觀點的思考及系列的相關研究的發現，來瞭解及處理人的問題。

就以最近在教育的系統中常被提及，而且已立法通過的「零體罰」政策為例，這樣的政策引起學校行政主管、教師、家長、學者間許多爭議。如果從心理學的角度來看，體罰在對學生的管教中，的確是一種有效的行為控制方式，父母或學校教師過去常以這種方式達到行為的學習與塑造。然而以目前的教育政策的推動，對學校要達到「零體罰」其實得面對許多問題，而其所面臨的困境，部分來自家庭方面的影響。其實從家庭相關研究發現，對一個成長中的小孩而言，他最需要的是穩定與一致的學習環境，若父母之間有差距很大的預期或價值信念，常對個人的成長產生很大的干擾，或是父母對於管教態度常因著自己的情緒起伏或外在情境的變動而有很大的變異，一樣可能對個人的成長造成負面的影響。從這個角度來看，家庭的管教態度與學校的管教應一致，若有些家庭的管教還是習慣使用體罰方式，要學校教師不用體罰來管教，的確讓教師面對很大的困境，因為有些學生已習慣以體罰方式來控制行為。所以問題應一併考量家庭的管教是否也能真正達到「零體罰」，這是許多父母需要進一步思考的。

　　從道德教育的觀點，學校的管教中對於體罰的限制的確有其必要性。過去的道德教育以社會化的行為控制為主要任務，因此體罰的確可以達到這種目標，但對於現在的道德教育觀點，強調個人的思辨及內在自律的道德學習，而非由外在控制及行為塑造。因此以體罰的管教方式的確不容易達到這樣的目標，因為它只達到行為的控制，而無法真正引發出個人的道德思辨與理解，或是對道德規範的認同與實踐。

　　另一方面，整個社會對於權威的態度，也逐漸從威權的形象轉向專業及多元的方向，也就是權威的來源，過去可能因著年齡（長者）或某些角色（校長、教官）就擁有一定的權力。然而現在社會逐漸強調專業而且是多元，有時候父母不熟悉電腦或科技相關知識，小孩反而熟悉這些信息，因此在這些方面可能比父母更有「權威」。一樣的，在多元的社會中，醫生也不再是處理所有疾病的權威，耳鼻喉科與皮膚科醫生可能有不同的專業。所以權威的來源常來自專業的素養與知識的學習，因此教師的權威應建立在他的專業素養，包括：個人任教專業及教育專業。所以管教學生應建立在教育專業的反省中，而不是直接以威權的要求或體罰來處理。這樣專業的落實才能引起學生對教師專業的尊重與服從。

　　現在的教育方式強調師生互動的學習與學生的自我建構來獲取知識。其實體罰不只對於師生互動品質有很大的影響，往往對於師生之間的信任與溝通可能會造成莫大的傷害，同時也可能影響學生的學習環境。對於體罰的規範，也許對於中小學老師而言需花更多心力來處理管教問題，但相信透過這些努力即使對學校幫助有限，但對於社會的發展應該是有相當幫助。因為過去的體罰常常只是暫時終止某些行為在學校發生，當學生畢業後這些問題仍然會繼續發生在社會中，所以如果在學校中能真正透過有意義的改變行為與塑

造，那對於社會將有很大的貢獻。這不也正是教育工作者應擁有的使命與責任！

筆者認為許多教育議題若能經過更多的對話與討論，從不同角度來思考。而不是只考慮自己所扮演的角色，同時能兼顧不同角色。另一方面也不應完全以工作的成效或舉辦活動的多寡為目標，而是透過討論真正瞭解與落實相關政策理念。相信這對學校本身及教師專業發展都會帶來許多學習與成長的空間。

◎ 第三節　生命的關懷

對生命的關懷應該是輔導工作最需要擁有的態度與最終要完成的目標。許多輔導的工作就是要落實對生命的關懷。然而對生命關懷的基礎是建立在對人的瞭解，與對自己認識的基礎上。好心或為他人著想不能成為關懷生命的唯一來源，重要的是瞭解人的發展與需要。因為生命的成長常有些必經的過程，例如：自我的掙扎與摸索、外在壓力的困擾等等，這不只是在人的世界要面對，在許多大自然的現象都可看見。剝奪自我掙扎的同時可能也剝奪生命學習的機會，想想我們許多的學習成果，不常是在自我的掙扎與摸索中產生嗎？從大自然的世界我們可以看到過度的保護可能讓生命成為溫室的花朵，而經不起大風大雨的挑戰。當然，不是所有的掙扎與壓力，都可以幫助我們成長，有些人可能因此被這些壓力與掙扎擊敗，或讓自己一直活在這些挫折與傷害中而無法自拔。因此，對人發展上的需要與瞭解應該建立在輔導專業的基礎，這也是本書的目的，希望提供讀者從一些專業角度來認識輔導工作。

除了輔導專業以外，不斷地重新認識與建構自我，也可以讓自己產生對生命關懷的態度。正如我們前面提到的，在輔導的過程中，

當我們嘗試投入不同生命的經驗中，往往也喚起許多自己的經驗，同時也讓自己透過重新瞭解這些經驗的機會，讓我們不斷對自己的生命有更多的認識。其實這是輔導工作的趣味且具有意義的部分，因為它可以引起輔導者許多學習與成長的空間。然而同時在輔導過程中，可能也會引發許多自己未處理或傷害的經驗，或是在輔導中因著被輔導者的態度或反應，直接讓輔導者受到傷害或衝擊。其實這些負面的經驗若無法適當處理，可能會逐漸影響我們對生命關懷的態度。這也是有些輔導者從長期輔導經驗中體會人的自私或醜陋面，因而逐漸減少對生命的熱忱與信任。所以，如何讓自己不斷自我成長與學習，才能持續對生命的關懷與熱情。

◎ 第四節　培養重要的生命特質

每個人都有屬於自己獨特的一面或生命特質，這些特質可能是個人的天生氣質 (temperament)，例如：敏銳性 (sensitivity)、規律性 (regularity)、活動力 (activity) 等等，有些可能是後天努力培養的，例如：責任 (responsibility)、關懷 (care)、專心 (concentration)、堅持 (resistance) 等等。當然有些人因具有天生特質，而讓後天在學習上較容易，例如：因為個人天生具有「規律性高」的特質，因此對於「責任」或「專心」的相關特質的學習歷程較不用付上太大的代價。不過每個人最終還是會擁有屬於個人穩定的習慣或特質，當然這些特質仍然可能因著不同情境，或個人狀況甚至個人成長而改變。無論如何，這些長期經驗累積的特質或習慣，常常成為個人在生涯發展或家庭人際關係的重要影響因素。在社會上，我們可發現有人無論在各樣的事情上，都會維持自己的責任感而且願意付上該付的代價；或是有人習慣關懷別人，因此在各個角色中他都會對留意到他

人的需要或狀況。當然，沒有責任心、不懂得關懷他人的自私習慣、自以為是、漫不經心等各樣的人也是隨處可見。其實許多個人早期習得的生命特質會對個人的發展影響很大。不過有許多人都看不到自己的生命特質對他的影響，而歸咎於環境因素或命運。我們相信能在工作或家庭人際上有很好表現的人，應該都具有一些獨特的生命特質，這些特質往往是個人長期累積的結果，而不是出於偶然的或幸運的。

其實生命特質的養成也許部分受天生氣質影響，但大部分是個人成長中逐漸累積與培養的結果，特別是從小養成的習慣。筆者記得在大學念書時，班上有幾位同學功課表現相當獨特，之所以獨特不是因為他們成績好，而是學習的態度或課堂表現很不一樣，當我仔細瞭解，我發現他們有些獨特的特質是擁有良好的閱讀習慣。記得有一次期末考完在圖書館遇到其中一位同學，我以為他還沒考完才來圖書館，他只隨口說他也考完了，不過還想看些書。固定的閱讀習慣成為我認識這位同學的重要生命特質，我相信這些特質對他未來會有很大的貢獻。就像一個習慣運動的人，他的身體應該會一直很健康。在與人相處方面，若一個人習慣與他人分享或關懷他人，常會有很豐富的人際生活。

我們需要努力培養良好且屬於我們的生命特質。獨特的生命特質常不是幾天或幾個月就能養成的。很多好的特質要付上一定的時間與代價來學習，很可能對人的關懷就因為幾次的人際傷害就停止，對人的責任可能因為工作忙碌就忽略了，對別人的尊重也可能因為自己情緒不好就完全不管。不過當有一天這些特質成為你生命的一部分時，我們會像水或食物甚至空氣一樣需要它們，這些特質終究可能成為我們生命中祝福的來源。

對於一個輔導者而言，包括：專業輔導老師、教師或父母都應

該仔細思考這個議題，因為我們的行為或態度都可能影響下一代對生命特質的學習。我們可以看到許多喜歡閱讀的人，往往在他的成長過程中有個喜歡讀書的父親或母親。對筆者而言，我喜歡做研究因為我看到過去在求學歷程中兩位指導教授對研究的熱忱與興趣。其實好的學習環境對於許多生命特質的培養有相當的幫助。創造一個有意義的學習情境是輔導者的責任，然而最終還是都回歸到個人的努力，才能真正擁有屬於我們的生命特質。

 問題討論與思考方向

一、 身為輔導者的你對自我成長的期待為何？你如何讓自己達到該目標？影響你達到該理想的主要攔阻為何？你如何面對它？

二、 專業的學習與成長是取得權威很重要的來源，輔導者在專業上應不斷成長，你如何讓自己在專業中成長？或是你對自己三年後、或五年後、甚至十年後，在專業上的自我期待為何？

三、 你如何看待生命的成長？那些是生命成長必經的歷程？或是你如何看生命的改變歷程？在這些改變中需要什麼力量來引起生命個體的改變？

四、 投入於心理輔導工作對你個人的意義是什麼？在面對輔導的過程中當你面對一些挫折或傷害時你如何面對？你如何讓自己保持對生命關懷的熱忱？

五、 你覺得目前在你生命中擁有那些良好的特質？你是否仍期待你在生命中擁有些不一樣的特質？你打算如何為它付上代價？

觀念補給站

寬恕與心理輔導㈡

Enright & the Human Development Study Group (1991) 早期除了探索寬恕的發展階段與心理歷程，同時更提出對寬恕概念的界定與概念的澄清。Enright 等人 (1991) 強調「寬恕是一個學習過程，它面對的是人際之間的傷害，雖然個體本身過去曾經遭受不公平的傷害，但他願意放下個人的忿怒或責備對方的權利，進而用一種憐憫、關愛、寬宏的新態度面對傷害他的人，其實這種新態度的出現，並不是傷害別人的人有資格得到的」。Enright 等人的定義包涵幾個重要的因素：一、寬恕是面對一種不公平傷害的狀況，因此我們不能寬恕一個人他事實上並沒有不公平傷害過我們；二、寬恕是個人的抉擇而不是強制的，也就是面對這種傷害，個人是有權力生氣或責備對方的，因此寬恕只是一種個人的抉擇而不是唯一或必然的；三、寬恕是一種態度的轉變而不是負面情緒的處理而已，它強調用一種新的態度面對曾經傷害他的人，這裡的態度同時包涵：認知、情緒與行動；四、Enright 強調寬恕 (forgiveness) 的界定應該和其他相關概念例如：原諒 (pardon)、和解 (reconciliation) 等作一定層面的區分。例如：和解與寬恕可能有些關聯，但和解比較是強調行為層面的和好，因此兩者之間關係的維持是必須努力的，然而寬恕是強調個人本身態度的轉變，也許並不一定會帶來和好的結果。就比如，一位受虐的太太可能可以寬恕傷害她的丈夫，但由於先生仍執迷不悟或無法改變自己的行為，最後她可能還是選擇和他離婚，因為這個太

太無法再投入這種可能繼續被傷害的關係中。

　　Enright 等人 (1991, 1996) 除了對寬恕概念的提出清楚的界定外，更進一步發展了寬恕的心理歷程 (the processes of forgiveness) 與模式，其中包涵四個階段及二十步驟，每一階段間有一定的先後關聯，然而步驟間可能存在個別的差異性。

　　第一階段為預備階段 (the uncovering phase) 主要處理情緒及對過去事實的接受。Enright 提出寬恕學習的重要歷程：第一步驟主要是面對自己的情緒包括：憤怒、羞愧或焦慮等可能反應，同時瞭解事件發生的真相，不找其他的藉口或扭曲相關經驗來減少自己的負面情緒，一樣的也面對傷害對自己可能的影響。本階段除了面對事情對個人影響與情緒外，個人在學習中也逐漸體認他需要改變，然而他公平的期待並無法處理他的問題。

　　第二階段為自我抉擇階段 (the decision phase) 個體本身試圖改變目前的光景，嘗試給自己機會來體會寬恕的過程。第二階段為個人抉擇與寬恕的認識時期。首先要知道何謂真正的寬恕。寬恕本身不同於原諒或人際的和解或和好。它主要是出自於個人心理內在的歷程，而不是以行為的妥協或不計較為主。就比如，一個經常被班上惡霸欺負的同學，他可以學習寬恕那個惡霸，但仍選擇不願意跟他作朋友，因為惡霸可能還是會傷害他。從另一方面來看，寬恕與赦免 (legal mercy) 或放縱也是有很大的不同。有些人擔心太強調寬恕是否就沒有正義可言，Enright 強調寬恕與正義是不互相矛盾的，一個殺人犯可能被受害者家屬寬恕，但仍得面對他的刑期，因為那是他為自己的行為應該要付上的代價。

第三階段為寬恕的歷程 (the work of forgiveness phase) 透過重新對該事件的理解或從不同的思考架構 (reframing or role-taking) 來看加害者的內在世界，從不同觀照面來瞭解個人的傷害事件。對於加害者可能從不同脈絡或角度來瞭解這個人，同時以同理來面對加害者。能逐漸的面對自己的傷痛，讓這些痛能漸漸的被轉化為自己有意義的部分。最後能跨出一步願意給加害者

圖 15-1　藉由「寬恕」的過程，使個體能面對自己的傷痛，進而逐漸原諒加害人，也讓自己從過去的傷害中走出來。

一個道德的祝福 (moral gift)。透過整個歷程逐漸接受內在的傷痛成為自己的一部分 (acceptance or absorption of the pain)，這時候寬恕已逐漸成為可能。

最後階段為領受或收穫時期 (the outcome phase)，或稱為寬恕的深層階段 (the deeper phase of forgiveness)，個體從這些歷程中可能找到新的意義 (finding meaning for self and others in the suffering)，或是從這樣的經歷中對未來漸漸的蘊育出新的目標，逐漸減少的是對加害者的負面情緒，取代的是正面情緒的慢慢產生，進而從過去情緒的困境中走出來。同時瞭解人需要寬恕別人同時也要被寬恕，因為我們常經歷許多被傷害的共同經驗，我們並不是唯一的或特例。而且我們也曾經傷害別人，因此同樣需要他人的寬恕。從寬恕的學習中，能逐漸體認到寬恕是人之間很重要的學習課題，因為我們無法

真正避免人與人之間傷害的可能。

其實寬恕的學習與許多心理輔導的概念很相似，它處理人內在的問題與傷害。對有些深度的傷害可能需要長期的學習去經歷寬恕的路程。其實 Enright 的一個學生 Freedman (1997) 就以一年多的時間，以寬恕的理念架構來處理早期經歷亂倫 (incest survival) 的個案。這些個案最後的確都能走出早期的陰

圖 15-2　「寬恕」看似容易，做起來卻不簡單。若能放下、寬恕他人，人生才能真正海闊天空。

影，重新面對自己的未來。然而並不是每個人都會經歷這種深度的傷害，寬恕的概念也一樣可以成為教育的方向，讓學生在早期就能學習以寬恕的架構來瞭解人的問題。現在的臺灣社會常充滿著對公平正義的期待，公平正義的確很重要，但人與人的相處不能只以公平來思考。寬恕其實才是人與人重要的基礎，特別是在家庭或親密關係中。公平的期待是人本能的一部分，因為從一個三、四歲的小孩就會期待父母或老師公平的對待。而寬恕需要學習才能瞭解它為何對人重要，經歷過寬恕與被寬恕的人，會真正知道寬恕也是人生命中不可或缺的一部分。

參考資料

Al-Mabuk, R. H., Enright, R, D., & Cardis, P.A. (1998). Forgiveness education with parentally love-deprived late adolescents. *Journal of Moral Education.*

Arsenio W. & Lover L. (1995). *Children's conception of sociomoral affect: Happy victimizers, mixed emotions, and other expectancies.* New York: Cambridge University Press.

Bartholomew, K. & Horowitz, L. M. (1991). Attachment styles among young adults: a test of a four-category model. *Journal of Personality and Social Psychology, 61*, p.226–244.

Berkowitz M. (2002). The science of character education. In W. Damon (Ed.), *Bringing in a new era in character education.* Stanford, CA: Hoover Institution Press.

Blasi, A. (1984). Moral identity: its role in moral functioning. In W.M. Kurtines, & J. L. Gewirtz, (1984). *Morality, moral behavior, and moral development*(pp.128–139). NY: Wiley.

Brenna, K. A., & Morris, K. A. (1997). Attachment styles, self-esteem, and patterns of seeking feedback from romantic partners. *Personality and Social Psychology Bulletin, 23*, 23–31.

Brennan, K. A., & Bosson, J. K. (1998). Attachment style differences in attitudes toward and reactions to feedback from romantic partners: an exploration of the relational bases of self-esteem. *Personality and Social Psychology Bulletin, 24*, 699–714.

Colby, A., & Damon, W. (1992). *Some do care: Contemporary lives of moral commitment*. New Work: The Free Press.

Collins, N. L., & Read, S. J. (1990). Adult attachment, working models, and relationship quality in dating couples. *Journal of Personality and Social Psychology, 58*, p.644–663.

Durkheim, E. (1925/1973). *Moral education*. New York: Free Press.

Enright, R. D., & Human Development Study Group (1996). Counseling within the forgiveness triad: On forgiving, receiving forgiveness, and self-forgiveness. *Counseling and Values, 40*, p.107–126.

Enright, R. D., & the Human Development Study Group (1991). The moral development of forgiveness. In Kurtines, W. & Gewirtz (Eds.), *Handbook of moral behavior and development* (Vol., pp. 123–152). Hillsdale, NJ: Erlbaum.

Freedman, S. R., & Enright, R. D. (1996). Forgiveness as an intervention with incest survivors. *The Journal of Consulting and Clinic Psychology*.

Gilligan, C. (1982). *In a different voice: Psychological theory and women's development*. Cambridge, MA: Harvard University Press.

Hazan, C. & Shaver, P. (1987). Romantic love conceptualized as an attachment process. *Journal of Personality and Social Psychology, 52*, p.511–524.

Kirkpartrick, L. A., & Davis, K. E. (1994). Attachment style, gender, and relationship stability: a longitudinal analysis. *Journal of Personality and Social Psychology, 66*, 502–512.

Kirkpartrick, L. A., & Hazan, C. (1994). Attachment style and close relationship: a four –year prospective study. *Personal Relationship, 1*, 123–142.

Kobak, R. & Sceery, A. (1988). Attachment in late adolescence: Working models, affect regulation, and representation of self and others. *Child Development, 59*, p.135–146.

Kohlberg, L. (1969). Stage and sequence: The cognitive developmental approach to socialization. In D.A. Goslin (Ed.), *Handbook of socialization theory and research* (pp. 347–380). Chicago: Rand McNally.

Kohlberg, L. (1984). *Essays on moral development: Volume 2, the psychology of moral development: The nature and validity of moral stages*. San Francisco: Harper & Row.

Kurtines, W. M., & Gewirtz, J.L. (1984). *Morality, moral behavior, and moral development*. NY: Wiley.

Lapsley, D. (1996). *Moral Psychology*. Boulder, CO: Westview.

Li kona, Schaps, & Lewis (2002). *The eleven principles of effective character education*. Washing, D.C.: Character Education Partnership.

Miklincer, M. (1995). Attachment style and the mental representation of the self. *Journal of Personality and Social Psychology, 69*, 1203–1215.

Miklincer, M. (1998). Adult attachment style and affect regulation: strategic variations in self appraisals. *Journal of Personality and Social Psychology, 75*, 420–435.

Mikulincer, M., Florian, V. & Tolmacz, R. (1990). Attachment styles and fear of personal death: A case study of affect regulation. *Journal of Personality and Social Psychology, 58*, 273–280.

Mikulincer, M., Florian, V. & Weller, A. (1993). Attachment styles, coping strategies, and posttraumatic psychological distress: The impact of the Gulf War in Israel. *Journal of Personality and Social Psychology, 64*, 817–826.

Nodding, N. (2002). *Starting at home: Caring and social police. Berkeley*. CA: University of California Press.

Nucci, L. (1989). *Moral development and character education: A dialogue*. Berkeley, CA: McCutchan.

Nucci, L. & Narvaez, D. (2008). *Handbook of moral and character education*. New York: Routledge.

Nunner –Wrinkle, G., & Sodian, B. (1988). Children's understanding of moral emotion. *Child Development, 59*, 1323–1338.

Piaget, J. (1965). *The Moral Judgment of the Child*. Free Press.

Power, C., Nuzzi, R., Narvaez, D., Lapsley, D., & Hunt, T. (2008). *Handbook of moral education. Westport*, CT: Praeger.

Rath, L.E., Harmin, M. & Simon, S. (1966). *Values and teaching: Working with values in the classroom*, 2nd ed. Columbus, OH: Charles E. Merrill.

Rest, J. (1983). Morality. In P. Mussen (Ed.), *Handbook of child psychology: Vol. 3. Cognitive Development* (pp.556–628). New York: Wiley.

Rice, K. G. (1990). Attachment in adolescence: A narrative and meta-analytic review. *Journal of Youth and Adolescence, 19*, p.511–538.

Ryan, K. (1989). In defense of character education. In L. Nucci (Ed.), *Moral development and character education: A dialogue* (pp.3–19). Berkeley, CA: McCutchan.

Ryan, R. M. & Lynch, J. H. (1989). Emotional autonomy versus detachment: revisiting the vicissitudes of adolescence and young adulthood. *Child Development, 60*, 340–356.

Simpson, J. A., Rholes, W. S. & Nelligan, J. S. (1992). Support seeking and support giving within couples in an anxiety-provoking situation: The role of attachment styles. *Journal of Personality and Social Psychology, 62*, p.434–446.

Simpson, J. A. (1990). Influence of attachment styles on romantic relationships. *Journal of Personality and Social Psychology, 59*, 971–980.

Selman, R. (1980). *The growth of interpersonal understanding: Developmental and clinical analyses.* New York: Academic Press.

Turiel, E. (1983). *The development of social knowledge: Morality and convention. Cambridge*, England: Cambridge University Press.

圖片來源：

扉頁、圖 1–1、1–2、2–1、2–2、2–3、6–2、6–4、8–1、10–1、11–1、11–2、14–2、14–3、15–1、15–2：Shutterstock

圖 3–1、7–1：Cobis

圖 6–3：Getty Image

輔導原理與實務　　劉焜輝／主編

　　本書的目的在協助讀者瞭解輔導的內涵，啟發讀者思考輔導的本質，其特點有下列三項：㈠內容的完整性；㈡資料的精確性；㈢立足於國情，改進國內相關書籍多重理論而忽略實務的介紹。本書可作為有志於輔導工作者之入門書籍，亦能補足現代教師和從事輔導工作者不可缺少之知識。

教育心理學　　溫世頌／著

　　本書探討架構分為三大領域：㈠學生身心發展的特徵；㈡學習與記憶的歷程；與㈢教學策略與教學效果的增進、評鑑與溝通。透過作者對教育的全人關懷與真知灼見，將帶領所有關心教育者，重新審視與反思自身的教育觀點與做法。

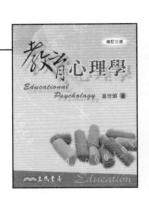

心理學導論　　溫世頌／著

　　本書首先從歷史發展的觀點簡介各心理學派的理論，並透過言簡意賅、生動活潑的文字，帶領讀者認識重要的心理學議題，以及心理學家個人小傳、思想主張與其重大影響。本書提供新近的研究資料與生活實例，搭配豐富的照片與插圖，是您學習心理學的最佳入門書。